AF227552

财务顾问

如何成为个成功的从业者

修订第三版

伊恩 格林

行业领袖推荐语

"有一句俗语说："当学生准备就绪时，书就出现了。"这是什么意思？好吧，当我们做出改变时，我们就会碰巧发现这些智慧的珍珠，好像它们就是为我们而写的。这就是这本书的目的。 伊恩·格林（Ian Green）是一位富有前瞻性、热情的从业者，他通过实用的销售和业务管理新思路指导我们，帮助提高生产力"

海伦·詹金斯（Helen Jenkins）
百万美元圆桌会议欧洲区主席

"伊恩·格林（Ian Green）的书是可实践的想法的宝库，可以帮助你提高业务水平。 这些方法很有趣并且易于使用。 而且，它们是专为想要提升自己的销售人员设计的。他们想要提升，但又不能忍受过于复杂的记录方法。"

约翰克鲁克申克
MDRT前主席

"了不起的顾问写的一本了不起的书。 伊恩写了这本关于如何在金融服务行业成功的书，他的写作风格使阅读变得有效而有趣。他完成了一项伟大而艰巨的事。 伊恩把他的个人故事和如何在很短的时间内成功实践结合起来。 我很幸运能与伊恩多次合作。 他所做的一切，都证明了他对这个职业的热情。 他愿意付出时间，因为他的行之有效的系统在他不在期间可以保持高效运转。 他的积分系统和颜色管理系统的使用值得一读。 在伊恩这个年龄，很少有人能给予比他更多的帮助。无论您是刚刚开始从事这个行业，还是想在实践中迈出新的一步，他的热情都会为您提供帮助。"

布莱恩
赫克特 特许人寿保险人
特许财务顾问
MDRT前主席

为了

M + M

和

M + D

ISBN: 978-1-8383991-4-6

简介

我在一年之内做了之前四年没有做到的事。

这不是一本理论书，也不是一堆没有意义的废话。这本书里写的方法都是我有效的。我怎么如此确定？因为我做到了啊！这本书真实地记录了我人生中的一年，本书中所有的信息都是我从书籍、视频、研讨会和金融服务行业的同仁们那里学来的。在这决定性的一年之前，我是一个精通理论的财务顾问，而在实操方面，我做得一般般，不好不坏。

曾经有一段时间，我常常因为参加了一次会议或者读了一本书，脑海中涌现出特别好的想法，但是这些想法总是一下子出现太多。那时，我搞不清楚从哪里开始，也不知道如何一下子将这些想法都付诸实施，所以最终不可避免地回到了原来的模式。为了打败这个模式，确保它不出现在本书中，我把我的想法和理念提炼出来，呈现在一张纸的工作计划上。我称之为我的成功计划。在接下来的几章里，我会把所有的要素提供给你，帮助你做出自己的成功计划。

不过回到这本书怎么问世的故事，其实在生活中很常见——形势所迫。

就在我结婚刚满一年后，我的大儿子出生，我们搬到新家，开办我自己的独立财务顾问公司。这些年，我经历了几乎所有人间的痛苦，除了死亡。我希望这件事来得越晚越好！因为我经历的这些事，我突然必须要更聪明地工作。那年，我工作的时间只有八个半月，如果我不希望看到自己的收入降低33%，我必须要做点什么。

我做的事就是——把前四年所学到的每一件事付诸实施。当然，我之前也实施了一些，有些当时还没有结构化或者体系化。

这本书的绝妙之处在于，无论你现在是什么水平，书中的内容对你都有帮助。你可能刚刚入行，正在摸索前行的道路；或者你已经有了多年的从业经验，但是到了生产力的平台期。不管你当下处境如何，这本书都能帮到你。

在书中，我用的货币符号是"£"，你可以用你们当地的货币来替换。数字本身不重要，重要的数字之间的比率，是数字背后传递的理念。

我对这本书的作用如此有信心的另一个原因是，所有的想法和理念都经过了时间的考验。当然，这里面有一些是我个人的想法，更多的是我在全国范围的财务规划会议上、在地区性的会议上或是全球的MDRT大会上学到的。另外，我热爱读书，读书的意思是说，我买了书回来确实会读，而不是盯着放在书架上一本本没开封的书。

最后，我会一直确保自己跟一群很优秀的人在一起。"站在巨人的肩膀上"这个短语简直不能更真实。在我们这个专业领域里，有很多优秀的人。他们每个人在成功之前，都经历过很长一段时间的"挣扎"或者是"平庸"。入行之初，我想避免经年的"挣扎"或是"平庸"，于是，在经过搜索筛选之后，我只以最优秀的人为榜样。我的努力带来的回报是：我仅仅用了五年时间就"一夜成名"了。如果你读过这本书，可以实践书中所讲，你可以进一步缩短获得成功的时间。

现在摇滚和流行乐队很流行"致敬"或"翻唱"老乐队。与此同时，许多排行榜热门歌曲都是由青少年乐队翻唱的旧唱片。在电影院，我们看到由当今明星主演的重拍电影，还有些电影只是用计算机画图来重新创作。

在很多方面，这就是我对这本书的看法。虽然很多想法，很多商业管理理念不是我"原创"，我希望你仍然喜欢我录制的这一个"数字增强"版本。在我知道"原创艺术家"是谁的部分，我都标识在附录A列明出处。尽管我已经尽我所能去追根溯源，时间的迷雾还是会遮住一些源头。如果我遗漏了谁，那一定是意外所致，不是恶意抄袭。如果发生类似情况，请接受我的道歉。为了完成媒体类比，就像所有最好的书和音乐一样，在后面有一个"感谢"附录，列出了帮助过我的人和资讯来源。

希望你喜欢这本书，取得你希望取得的成功。

伊恩格林

2002年5月 2021 5月修订

如何使用这本书

第一章

SECTION 1

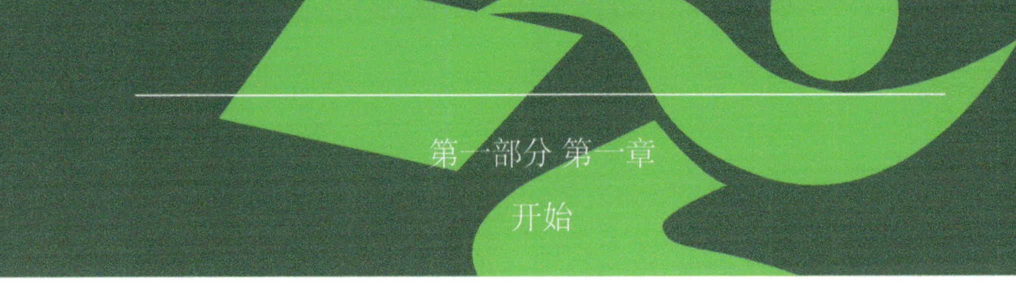

开始

生活中常常有这样的事情，本来看上去是毁灭性的事件，后来却催化了一次美妙的改变。

我的人寿保险事业的开始很典型，跟很多人一样。在加入人寿保险行业之前，我的职业是电脑图像设计师。我的大部分工作都是给商业银行这样的大型金融机构，以及与商业银行有业务往来的会计或法律公司设计会议展板。

工作之外，我热爱运动。后来，一次严重的运动受伤结束了我的设计师生涯。我的手臂严重受伤，显然我再也无法操作计算机，无法通过计算机来谋生了。在我的人生中，我第一次失业了。除了坐着看书看报纸，我没什么事可以做。六月的一天，我在报纸上看到一个小小的招聘广告。工作地点在市里，可能拿到的目标收入对我来说是一大笔钱。哇噻！几乎是我在电脑制图公司赚到的三倍。以前我常常想象自己是一个股票经纪人。因为在电脑制图公司常看到客户的表格，所以我觉得我对股票的了解远不止期货、期权、长期证券、短期证券和价格利润比。

通过第二次面试（一共七次面试）之后，我才知道这个职位不是股票经纪人，我也不会变成一个城市奇才，而是要变成一个卖保险的。然而，那时我已经被销售了一个梦想，而且下定决心要实现那个梦想。尽管在最后一次面试时，面试我的那个经理嘲笑了我的着装和发型，我也经历了例行的羞辱，我还是被录取了！那是在九月，我摔断胳膊五个月之后，我成了一家大型人寿保险公司的实习生。

第一周，我都待在办公室，学习行政事项，熟悉我的同事。然后我就被送去一家酒店，参加了为期两周的高强度（呃哼！）培训。学习产品基础知识，一周的时间突击背书，练习角色扮演，最后一天参加代理人资格考试和角色扮演通关，以确保把我放出去服务伟大的英国人民是安全的。

在那两周的培训中，每天早上都针对前一天的学习内容考试。我的目标就是每天都考第一名。这倒不是说大家都在酒吧开心的时候，我把自己关在屋里整晚学习。我给自己的规定是不完成当天的功课，就不出去参加派对。培训结束后，我们回到了全国各地的分支机构工作。我跟班上的几位同学保持着联系。没多久，大部分同学就脱落了。有时候我会想，他们都去了哪里，后来怎么样了？我希望他们在其他领域找到了成功。但是高脱落率对我工作的公司也造成很大影响。几年之后，公司卖掉了剩下的销售团队，关闭了新业务的大门，证明高脱落率确实影响很大。

在本书的最后一部分，我会写这一路走来，直到写下这些话的当下，我经历了什么。这样在我的经历中，读者可能找到对他们最有价值的部分。

我经常想起那个人，那个当年在一场本应该友好进行的比赛中，恶意严重伤害我的那个人。每次想起他，我都默默地感谢他。他残忍的行为，居然改变了我的人生，为我打开了新世界的大门。我想知道，现在他在哪里…

有一个老段子，说一个保险公司的经理，欢迎刚刚结束基础培训的新顾问进入职场。经理拉着新顾问的胳膊往外走，让其他人跟着他们。就在他们穿过职场的时候，新顾问注意到经理穿着剪裁合体的西装、一尘不染的手工皮鞋。出了办公大楼，他们上了经理的车——一辆崭新的、闪亮的运动款跑车。经理一键启动跑车，车顶自动降下来，加油提速，伴着昂贵的音响播放的音乐，他们很快就开到了郊区的一所大房子门前。铸铁大门悄然打开，跑车碾过一条碎石路，停在一所豪华大别墅外面的车位上。下车后，经理带着新顾问来到泳池边的豪华长椅上。坐在长椅上，新人观赏着四周风景，欣赏着周围象征着成功的一切。这个时候，经理终于开口说话了：如果你按我说的做，如果你投入足够的时间工作，如果你做出牺牲，如果你打销售电话，如果你不断见客户，不断签单，有一天所有这一切"，经理停下来，又扫视了一遍周围奢侈的设施，"所有这一切都将是我的。"

这就是个段子，不过对于那些经历过保险公司的管理系统、佣金制度、奖金制度的人来说，这个段子有一定的真实性。

我的经理是个严厉的监工。不好相处，但是为人公正。我非常尊重他，他给了我一个机会。只要我不打扰他，他也不会来烦我。而如果我请他帮助，他会无条件地给予我帮助。为此，我将永远心存感激。当我打算离开他的团队成为IFA时，短短五个月之后，他就表示尊重我的决定，没有阻拦我。为此，我将永远心存感激。他教会我建立自律的第一个理念。他称之为时间的圣经。这意味着如果我想和他面谈，我需要在他的工作日志上预约时间，预约时必须注明是早上九点到十点、十二点到下午一点，还是下午四点到五点。在其他时间，我只做两件事：跟准客户一对一面谈或是打约访电话。你可以把这想象成是一个无情的叫醒电话。除了我的几个朋友和家人之外，我没有什么潜在客户。而我的经理，唯一可以帮到我的人是个非常死板的人，我可以联系他的时间少得可怜。而且无论什么时候我碰到他，他都会问我见了多少人，打了多少电话。如果我报给他的数字不够好看，我就有麻烦了。同样，如果我问他愚蠢的问题（在他看来），我也会有麻烦。所以，我必须学得更快。虽然我不主张独裁，但是我强烈推荐用一个严格执行的工作日志来建立自律。在后面的章节我会做详细说明。因为被丢到深水里，所以我必须要学会游泳。

多年以来，在很多管理理论中，时间圣经这个概念以不同形式出现过，在过去的三年里，我用时间圣经来管理我的工作日志，而且在使用中不断修订。通过在固定的时间做固定的事，这些事情很快就变成了习惯，也就不那么难了。尤其在建立客户基础，打陌生电话这件事上，这个方法非常有帮助。

最开始，一天打40个陌生电话让我非常难受！周日我几乎睡不着，因为前一周遭到连续的拒绝，引起的恶心的感觉在我胃里搅动，让我难以入睡。

但是我并不打算放弃。我的一位同事把帮助我视为己任，他帮我解决打电话带来的心理问题，帮我找更可能对我的新"脚本"感兴趣的名单。直到今天，我都觉得他可能是我继续坚持，没有把失败作为选项之一的主要原因。

很快，我就变成了一个打陌生电话的专家。在这个时代，我不提倡打陌生电话。但是对我个人而言，我在打陌生电话时学到的沟通技巧，让我稳稳地走到今天。因为沟通本身就是我们这个行业里最重要的工具之一。我很多最好的客户和朋友，都是我早期打陌生电话认识的。

在我还是处于培训期的新人的时候，大部分同事轻视我、讨厌我。现在我明白了，他们当时做的一切，都是一种所谓的传统，反映了他们自己作为新人是被怎样对待的。当我的业绩产能超过他们，我不再是一个新人菜鸟的时候，这些冷嘲热讽很快就消失了。在我们办公的那个开放的大办公区，大约有60个人。有几个人是我喜欢的，到现在我们还一直保持朋友关系。

这些财务顾问中的精英，都是经过大浪淘沙留存下来的。他们秉持高职业操守，带给客户优质的服务。通过跟他们学习交流，我学习到在这个行业生存的基本法则。我避免与"咖啡机"或是"凉水机"这个群体厮混，避免接受负能量。而在这个行业里，太多新手因为这样的负能量而颓然离开。

这个时候，有人给我介绍了一种老派的"完美销售"法。跟客户见面之后，先是开场，中间经过几个阶段，然后就反复"促单"，直到潜在客户放弃抵抗说好吧！现在客户的受教育程度高，需要完备的财务规划服务，所以那种老派的做法就没什么用了。不过除了这种老掉牙的销售理念，我还学到一种销售闭环理念（见图2.1），这种方法到现在依然适用。不管增加多少分销渠道，不管出现多少互联网销售和直接销售机构，我相信在这个世界上，总是有一个巨大的客户群体需要跟一个人类的顾问面对面坐下来讨论。只要有人需要面对面的服务，这个销售闭环就需要不断完善。

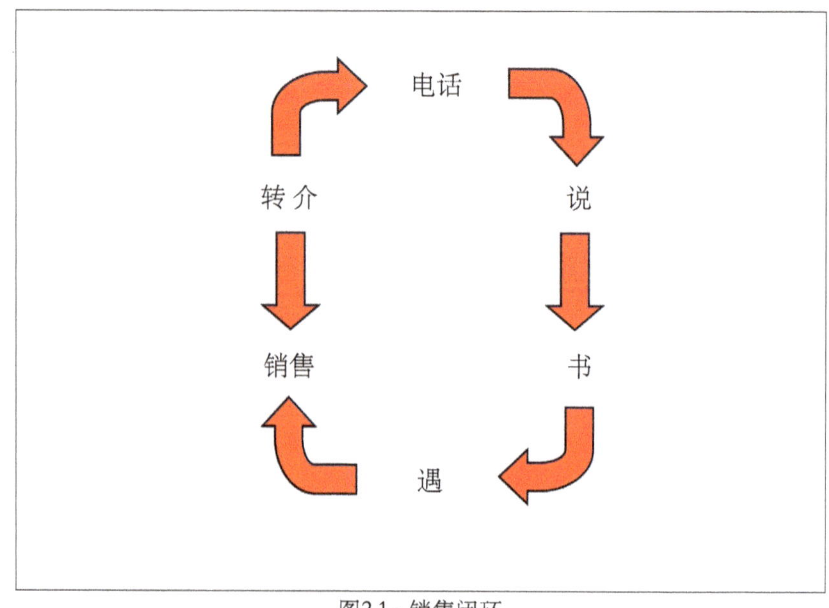

图2.1 - 销售闭环

这个销售闭环从拿起电话开始，在现代社会，也可以是从各种电子通讯工具。最根本的事实是，我们打电话越多，用社交媒体联系的人越多，我们就会越成功。五年前我学会这个销售闭环，50年前就有人教这个销售闭环，到现在它依然真实有效。

与客户联系上之后，需要跟客户沟通，让客户有足够的兴趣，愿意安排时间与我们会面。然后跟客户见面的时候，我们必须先跟客户建立一定程度的信任，然后才有成交的可能。

最后，我们需要拿到转介绍，这样销售闭环才完整，我们也才有一个新的潜在客户可以去约访。这个方法非常简单，但是因为我们拼命去用最新的科技手段，学签大单的技巧或是最新的科技知识，经常忘记这个简单的方法。以上所有这些都很重要，但是如果我们没有名单可以打电话，跟客户见面见不出专业，学这些就都没有用。

我非常相信转介绍的价值，凭借客户的尊重获得的转介绍。在第六章，我会专门讲转介绍。然而，我们都需要从某处开始。在前面的章节中，我曾写过我不得不去打陌生电话。谢天谢地，这种方法现在不受欢迎了。作为财务顾问，我们应该更好地利用这个时代的便利，在其他领域学到技能。

如果你确实是新人，想要打电话约客户，却完全没有客户名单，你应该想要从你身边的人开始，比如你的朋友、家人或者是前同事。如果你更愿意从不认识的人开始，你可以在不违反数据保护法的情况下，从一家信用良好、价格便宜的公司买数据。这样成本很低（包括你预先定义的目标市场，因为以后更多服务这个市场）

任何一个你能保持联系的人名，不管你们之间的联系有多微弱，都好过一个陌生名单。如果这个人之前曾从你的公司或者你这里买过保险，那就是一个非常好的开始。我认识的很多寿险顾问，他们有非常庞大的客户基础，但是依然常常担心下一单在哪里。

如果你是个新人，已经有了一些准客户名单，可能是你承接了一部分客户数据或是"孤儿单"。如果你已经有了几年经验，有自己的客户群体，却依然不知道打电话给谁，不知道说什么可以产生更多业绩，你肯定熟悉那种感觉（通常是在月初），就是不知道下一张保单会从哪里来的感觉。下面有个方法，帮你驱走那种感觉，永远都不会再回来：

这个解决方法叫做机会网格（注：附录A-1）。参看图3.1，开始做你自己的机会网格。拿一大张正方形的白纸或是在电脑上打开一个新的工作表。在表格上方写下所有你可以销售的产品。在表格左侧，写下你所有的准客户或者客户的名字。

然后，在客户已经购买过的产品方格涂红，所有与该客户无关的产品涂黑（例如单身可能不需要买终身寿险，已经退休的人不需要继续做退休的储备）。现在把所有的方格涂黑或者涂红。如果有一个方格是空白，就没有借口不联系客户，因为你约客户见面的理由非常充分。联系客户的时候，首先要问客户是否已经购买过该产品，然后问客户是否需要该产品。如果客户已经购买过该产品，发一封授权书接管代理权，如果可以没有购买该产品，跟客户约时间见面讨论。

如果你已经跟某个客户讨论过，告知了他这个产品的用途，但是他还没有购买，把方格的一半涂上颜色。

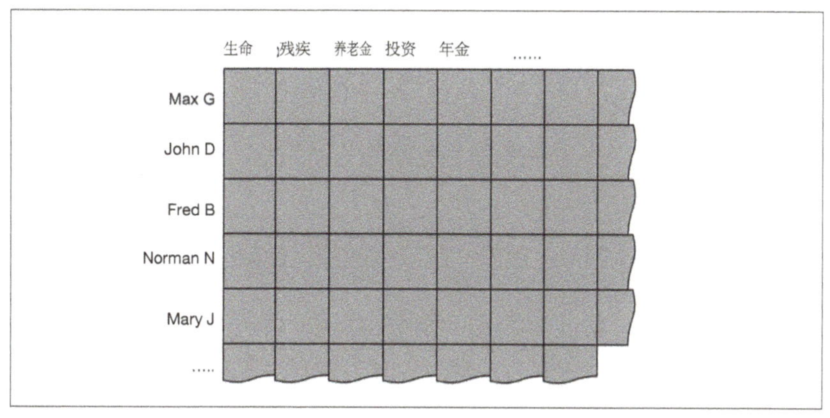

图3.1 - 机会网格

如果你的机会网格上，有一种产品下面有很多空白，既没有涂红也没有涂黑，那么这就是开启你的事业，或是给你的事业注入新的活力的真正的钥匙。如果你遇到这样的情况，考虑一下启动一个专项活动（见图3.2）。例如，你发现有一种投资产品买的人不是很多，那你可以请一家专门提供这类产品的公司提供一份产品说明书，这样你就可以发送邮件给客户。发过邮件之后，精心准备好电话脚本，给客户打个电话追踪，追踪之后约到的客户数目会让你吃惊。这是因为你事先确认了准客户/客户的需求，你约客户见面是有实实在在的原因的。只要你有准客户的基础信息，如生日，你就可以在跟客户见面前准备一份详细的说明。

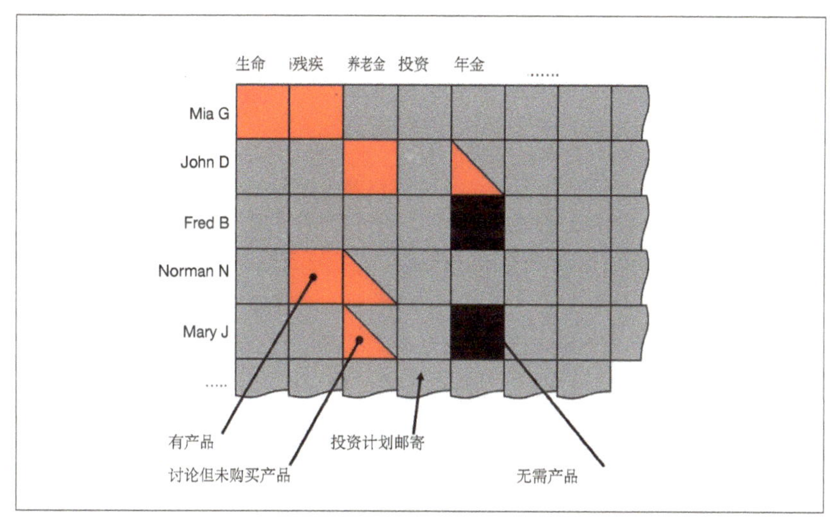

图3.2 - 机会网格

把这个表格挂在办公室的墙上，让你的同事和客户都能看的地方。记住，因为上面没有任何数字，所以不会违反保密原则。如果你还是担心，那就用客户名字的首字母标识。客户来到你的办公室，看到这张网格表，就会问这是什么表。那你就解释给客户，给客户看自己那一行还没有涂红色的空格！帮客户打印出属于他的那一行，或者打印出来贴在客户文档的前面。你会发现，客户开始问你关于新产品的问题，因为这样他就可以填满自己那一行了！

新的一年开始时，机会网格是一个极好的工具。它可以帮助你聚焦一年之初的力气用在哪里，从而彻底打破了一月一日的魔咒，扫除因为不知道业绩从哪里来而产生的郁闷情绪。

机会网格还可以用在其他很多地方。比如确定培训需求和日程安排。在网格顶部，写下你目前还需要提升的专业技能。在右侧写下团队成员的名字。然后用不同颜色标识，也可以加上培训的日期。然后这个网格就成为你的培训和能力提升档案。

可能你想用这个机会网格来列出互利的生意机会——在网格顶部列出不同行业领域，在左侧列明介绍人，然后定期发送邮件给介绍人，聊聊你们可以通过哪些方式合作，或者换句话说，用机会网格来记录你如何追踪教育介绍人。

我相信，你还可以想出更多方法来使用这个网格。

这个网格的概念，3D-life，也可以用在开辟新市场，比如企业主市场。通常，接触不通过转介绍的领导，尤其是那些在企业里身居高位（因此更难接近）的领导，其实是找对了人。在我打陌生电话的岁月里，这种所谓的"守门人"经常让我头疼。下面将要介绍的想法，总是能约到目标客户进行沟通。

拼图游戏

买一些简单的木质儿童拼图，一套差不多6-10片就可以。

从拼图中取出同一片放到一边，把剩下的寄给你的客户。记住，如果你确实没有什么潜在客户，你要选择你的目标市场，例如本地的商铺老板/企业家，然后拿到他们的名单。你可以买名单，也可以拿着纸和笔，睁大双眼到处去找，自己找到目标市场的信息。确定谁是你想要服务的潜在客户，然后通过把拼图寄给他们去接近他们。

拼图寄出去之后，给客户打一个电话，告诉客户你就是那个寄拼图的人。大部分收到拼图的人就会问你，为什么会少一块（为他们感到骄傲，他们试图把拼图拼起来。）那你就告诉他们，少的那一块在你手里并解释说，你愿意用几分钟给他们讲讲为什么会寄拼图给他们。

然后，当你见到客户的时候，用你销售的产品拼成一幅图（见图3.3），请他们标出他们已经买过的产品（寿险、失能险等）。

接着，给客户解释，你愿意跟他们一起探讨如何把缺失的那些补齐。

再跟客户说明拼图没有边，盒子上也没有图。这是因为它可以不断地变大，因为没有边也没有图，他们需要拼图专家——也就是你的服务。如果他们购买了你的服务，你可以帮他们把拼图拼好，根据他们的需要，提供更多拼图片，或是把他们不需要的拼图片拿走。

上面的这个例子里，只有四种产品。你的拼图里可以把你能销售的所有产品都包括进去。有些产品目前他们不需要（对于年轻人来说，长期护理险等）也有一些产品他们将来会需要，只是现在还没有被开发出来（新产品，税法变化）因此我建议你，定期跟客户联系沟通。

图3.3 - 拼图

一旦成交，潜在客户变成客户，就把修订过的拼图版本发给客户，给客户们展示他们已经拥有了哪些保障，并详细说明他们暂时没有的是什么，以及你推荐他们的保费预算。

你会发现开始有客户打电话来说要再补充一款拼图，新的潜在客户突然打电话约见面，因为有朋友告诉他应该买什么样的拼图！

14

现在我们知道如何能够产生持续的准客户流。我们需要确定我们的业务是健康的。数据统计显示，三分之二的新企业会在前三年倒闭。确定我们的业务健康是为了我们不成为那倒闭的三分之二，也是为了我们的业务可以上运行轨道。花了很多力气获得了新客户，但是没多久发现因为我们的业务没有良性发展，不能继续服务这些客户。这对谁都没有好处。关键数据的统计在任何行业都是至关重要的，在金融服务业更是如此。如果我们不知道自己的位置、销售额、现金流量、收入、支出等等，我们就不知道要去向哪里，更不知道我们是否在进步中。

我之前写过，尽管开始同事们对我的态度很恶劣，我还是很兴奋作为新人，我是少数几个被选中的财务顾问之一。我相信我被选中的部分原因是我准备了一份很全面的业务计划。

在我保险事业刚开始的时候，我就开始培养让我将来可以稳定健康发展的好习惯。我买了一本关于如何写业务计划的指南来读。多亏了我的工作背景，我的业务计划在视觉上很吸引人，但真正吸引人的是内容。我未来的雇主们可以看出，我投入了大量的思考和精力，并且我是个有承诺的人。我能看到，只要我把我的业务计划付诸实施，成功就在拐角处！

业务计划是为了指导使用者的工作，而不是仅仅拿来展示给银行经理的。设计一个业务计划至少要一天甚至几天。要把一份业务计划设计得适用，我们需要掌握所有关键数据。这些数字必须准确、详细。对于很多顾问来说，这往往是一件苦差事，我们有时会被广义的概念带跑，只想要继续给客户提供咨询。想要建立一个成功的企业，财务基础必须牢固到位。我希望我当时知道我现在知道的一切，这样可以省去很多财务上的麻烦，省去和银行经理的谈话，也省下因为透支而支付的费用。

一个完整的业务计划也将考虑非金融因素方面，如我们的事业目标和我们想要获得的物质。

本章只讨论时间和钱的计划，有关创建业务计划或目标设定的更多信息，请分别参阅附录B和第11章。

我们必须记录我们的销售数字，关于这个方面，在第七章有更多介绍。但同样重要的是我们要记录我们的业务开支。从火车票、油费到印刷客户杂志的费用、员工的工资，这些费用都要加在一起算。

我建议把你的所有开支分类列出。当然，要记录每年的成本，但要马上了解每月对帐非常有必要。固定成本和可变成本要分开计算。如果你的团队中有很多顾问，你可能还需要考虑乘以顾问的人数。这是因为，如果你的团队增加了一名新成员，固定成本可以保持不变，但可变成本会增加。例如，雇个助理，房租和办公室保洁费保持不变，但公用事业账单和纸张使用量将增加。另一个巨额支出是税收。如果你是自雇人士，在规划员工工资或储蓄的时候一定要考虑到这一点。

记住要记录营销成本和管理成本。在我的例子中，有我列出的数字，但我相信你可以算出你自己的数字。记住这个计划是供你使用的，所以不必遵循什么会计准则，就不会因为要付很高的会计工资而无法实施。它应该简单地确保你需要的信息就在你的指尖，确保你是盈利的。记得经常打开这个计划看，并随时更新必需的信息。我们不会建议客户投资一家没有财务计划，或者不知道自己的收入和支出是多少的公司，那我们自己也不应该成为那样的公司!

在后面的章节中，我们将看到如何将这些信息与我们的"关键业务统计数据"合并，以便我们知道实现目标所需的确切活动量水平。

一部分业务计划应该是提前一年做规划。拿出一份全年计划表，从最重要的事情——你，开始规划。在计划表上，把你计划的所有假期以及其他空闲时间，如公共假日和周末都划掉。然后，在所有已知的你不能见客户的日期上做标记，比如参加会议的日期。剩下的工作天数，就是你可以用来实现目标的天数。

如果你有200天的工作时间，目标是赚到10万英镑，那就很容易看到，要达到成功目标，你需要平均每天产出500英镑。

计划好你的一年，决定你有多少天可以工作，现在你需要规划每一天，确保你能够达成目标。这就是成功计划的价值所在。

你每天做的事情决定你的成功。不管你是成功还是失败，都不应该在每年12月31日的午夜做出判断，而是每天晚上当你停止工作的时候。

在第二章，我介绍了销售闭环的概念。

在接下来的几章中，我们将详细讨论销售闭环和成功计划。成功计划是一个用来跟踪活动量和产能的系统。它会展示给你如何在你生活的各个方面取得更大的成功，包括产能翻倍。

第二部分
SECTION 2
成功计划

18

问题是：作为顾问，我们的价值是多少？
或者换句话说，如果佣金制度被废除，我们必须按小时收费，那每小时是多少？
在下面的空白处，写下你自己的数字 (图5.1)。

图5.1 - 每小时收费

我将总结成功计划的七个关键目标，在接下来的几章中讨论。到第七章结束时，我们会知道如何保证每天、每个月、每年都成功，因为我们设立了一系列强有力的每日目标。

首先，我们将学习计算我们真正的小时价值的公式，看到如何大幅增加我们每小时的价值。然后我们会找到方法，增加与客户面对面交流的宝贵时间、个人时间或与家人共处的时间。我们会找到方法减少在花在行政工作上的时间，如何把寻找准客户的流程自动化，和如何降低在路上奔波的时间。以上这些举措，我统一称为成功计划。我们将看到如何通过一张纸呈现成功计划。成功计划会跟你目前使用的日志或者任何其他正在使用的方式共同使用，不管你是为公司打工，还是为自己工作。它在任何国家都适用，无论你是刚刚开始展业，还是已经是一名经验丰富的顾问。一旦程序就位，我们会看到的它们都在接下来的几章里，每天只需要5到10分钟维护，每月用30分钟来反思和计划。

为了确定平均时薪是多少，在写这本书的过程中(2001—2002)，我参加各地区财务规划会议时，在财务顾问中进行了一次调查，这些顾问有些为机构服务，有些是独立财务顾问。得到的平均时薪是150英镑/小时，大部分受访者的答案在100—200英镑之间。然而，这些充其量只是猜测，所以我想出了一个公式，让任何人都能计算出他们的真实时薪。别担心，这个公式就像ABC一样简单，我把公式和一些示例数字一起印在下一页(图5.2)。

简单地把我们的年产量的数据，历史数据(去年)或今年的目标都可以，我们自己决定。把数据写在A栏里。例如，我选择年产能80000英镑作为合理的数字，但是神奇数字100000，是我们很多人努力达到的目标，这两者之间相差不少。然后我们把每天能够工作的小时数写在B1栏里。例子中写的是八个小时工作时间，尽管行业记录显示很多顾问工作时间比这长得多。

最后，我们把每年工作的天数来填进B2框。这个例子是200天，或者换句话说，大约40周，可能正好适合那些周末和节假日从不工作的人，加上参加国内和国际MDRT会议和另一个其他会议，总共需要七个星期时间，而且这个人从不生病！换句话说，这是非常理想的一年，是我们很多人可能只能在梦里实现的一年。

现在用B1乘以B2来计算一年有多少工作小时，把这个数字写进C栏。最后，用一年的产能除以这个数字，结果就是我们每小时的收费标准。在这个例子中算出来是每小时50英镑。

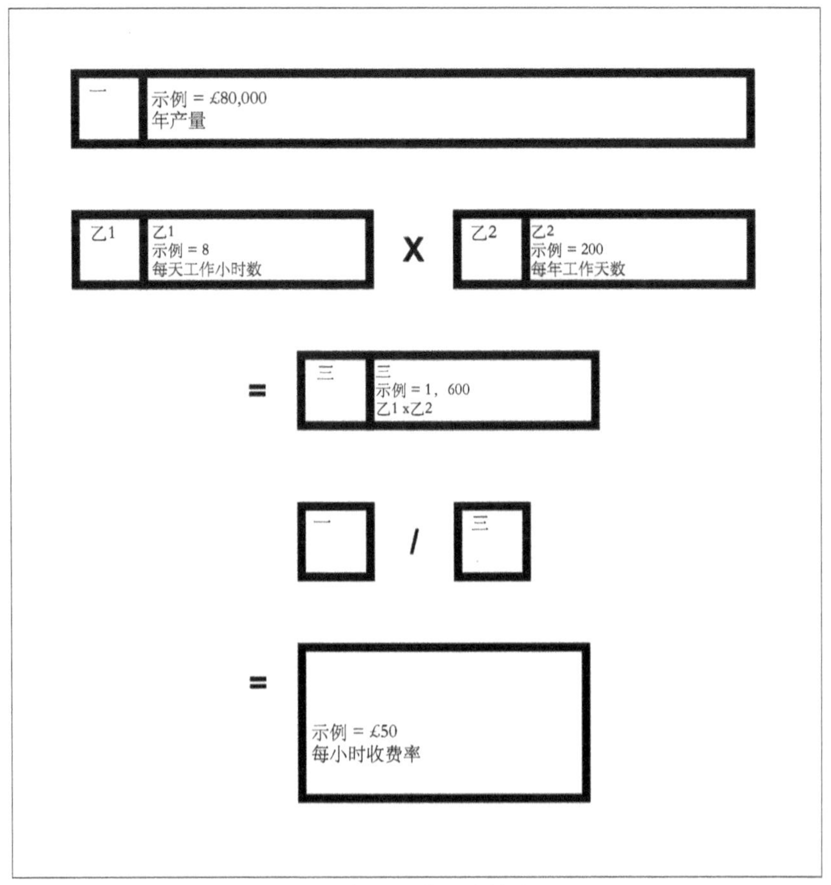

图5.2 - 每小时收费计算公式

图5.3是显示了如何把月或年产能换算成每小时的产能

年产量	月产量	工作天数	真实小时费率 每天8小时 每年1600小时
25000	2083.33	200	15.63
50000	4166.67	200	31.25
63000	5250.00	200	39.38
80000	6666.67	200	50.00
100000	8333.33	200	62.50
150000	12500.00	200	93.75
160000	13333.33	200	100.00
189000	15750.00	200	118.13
240000	20000.00	200	150.00
250000	20833.33	200	156.25
320000	26666.67	200	200.00
350000	29166.67	200	218.75
378000	31500.00	200	236.25
400000	33333.33	200	250.00

图5.3 每小时收费

在我们的例子中，每小时50英镑的数字是非常低的，几乎是大多数顾问愿意考虑的最低价位。这个例子已经很慷慨了。任何一个年产能80000英镑，但工作小时更多、休假更少、偶尔生病、或者偶尔周末会加班的顾问，每小时工资都会低于50英镑。对于许多顾问来说，这个计算会吓到他们，因为我们只是保持一种工作的惯性，然后让这一年慢慢过去。我相信可能会有一些读到这篇文章的人，根本不知道自己每年工作多少天。有一些人甚至可能很难想起上一次他们每天只工作八小时，或休假超过一周是什么时候。

当人们看到这张表的时候，通常会发生的是，考虑每小时收费100英镑的人，看看就会发现按照这个收费标准，我们每个月的产能距离13000英镑还有很大差距。而那些考虑每小时收费近200英镑的人，一年也赚不到25万英镑。

再看一个表，如图5.4所示。有些人会说这个表比上一个更接近现实。因为这个例子展示的是一个顾问每天工作14个小时，每隔一周周末工作一天，公共假期会工作，每年休假只有两周。换句话说，一年工作275天或3850小时。或者根据行业记录来判断，这是大多数财务顾问更典型的工作时间。

如果把这个工作时长跟年薪80000英镑关联，我们会发现，时薪从50英镑降至20英镑多一点。

年产量	月产量	工作天数	真实小时费率
			每天14小时
			每年3850小时
25000	2083.33	275	6.49
50000	4166.67	275	12.99
63000	5250.00	275	16.36
80000	6666.67	275	20.78
100000	8333.33	275	25.97
150000	12500.00	275	38.96
160000	13333.33	275	41.56
189000	15750.00	275	49.09
240000	20000.00	275	62.34
250000	20833.33	275	64.94
320000	26666.67	275	83.12
350000	29166.67	275	90.91
378000	31500.00	275	98.18
400000	33333.33	275	103.90

图5.4 - 每小时收费

从这张图可以看出，任何一个工作如此努力，考虑每小时收费100英镑的顾问，都会是MDRT中的TOT(见附录A)　。一个更常见的反应是胃里有一种有趣的感觉——当我们发现，相较于我们站在客户立场付出的辛勤劳动，我们根本没有意识到自己真正的价值，大部分时间我们要价过低。我们也可以看到，我们作为金融服务专业人士，赚的却是行政文员的时薪。

读到这里，请你想一想，我们当中有多少人每天工作超过8小时？每年工作超过200天？却还达不到我们应该达到的产能?——为什么？

为了发现这一点，我们需要准确地分析我们每天都在做什么。成功计划的关键是要有每天的目标，然后每天实现目标。有一个古老的问题是"你如何把大象吃下去？答案当然是"一小块一小块地吃"。

这就是我们要达成目标所要做的事情。把大目标分解成小目标。

按照年度目标10万英镑来计算，每年工作48周，每周的目标是2083英镑。如果我们件均收入是520英镑，这意味着每周签四单可以达成目标。假设我们见八个客户可以签四单，平均每个客户一小时，这相当于每周40小时工作时间里，八个小时与客户面对面。

我要问一个在这一章开头提出的问题：同样，作为顾问，我们的价值多少?

当与客户面对面时，我们每小时的价值是260英镑——这是用每周2083英镑的目标除以八小时得出的答案。

剩下的时间里，我们的时薪是26英镑、16英镑、甚至是6英镑。

当我们不见客户时，我们做的工作别人也能做，而且比我们要价低得多。

你愿意每小时挣260英镑还是26英镑?

问题：我们如何将时薪26英镑提高到时薪260英镑?

答案：停止做每小时26英镑的工作。

要确定我们什么时候做时薪260英镑的工作，什么时候做时薪26英镑的工作，我们必须仔细记录我们的时间。这是成功计划的主体发挥作用的地方。

下面的练习将向我们展示如何大幅度提升我们的产能。首先，我们必须把工作日志分成月、然后是周、然后是天、小时，最后是15分钟。就像我说的，很多顾问可能已经有这样的工作日志了——这很好。如果没有，使用成功日记页面（见图5.5）。我采用15分钟一个单元，但许多人采用大多数律师使用的6分钟单元。经验告诉我，15分钟一个单元很适合追踪个人销售和产能数据。但如果你需要使用每日计划来记录收费情况（见第八章），我建议用6分钟作为一个单

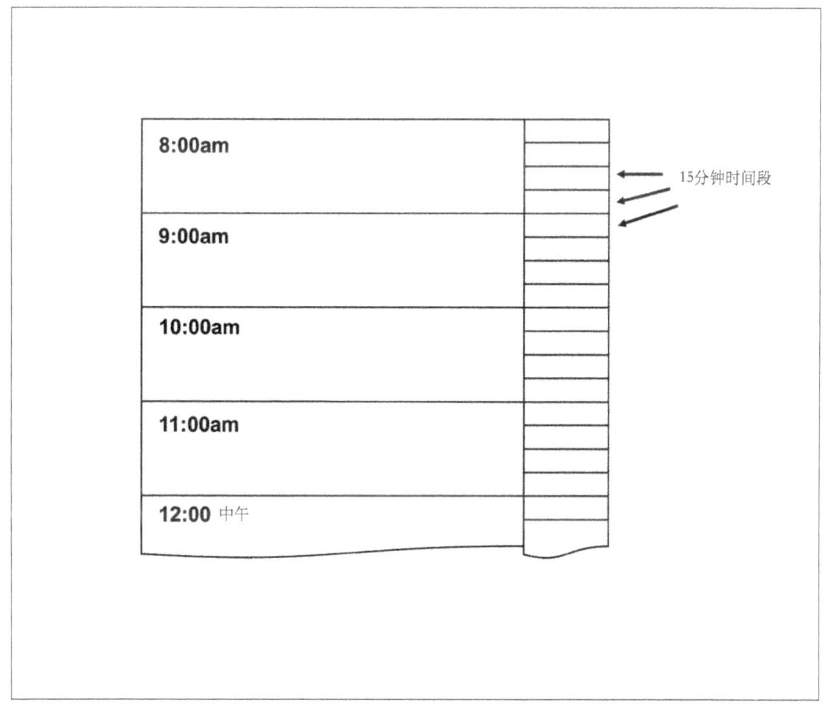

图5.5 - 按照15分钟分段

元，这样更精准。

有一个非常有用、富有成效的小妙招，可以自动将我们的产能提升8%，或者让我们每年多休四周的假，就是将我们的一年的52周分成13个"月"而不再是 12个月(52周)。用13个月的分法来做你的个人记录，即使你服务的公司不采用这种做法。

图5.6是一个典型的财务顾问的工作日志。这个顾问一周中大部分时间已经有约。看上去日程安排得很满，可能是一个非常忙的人。但仔细看看，我们可以看到有些约会其实跟工作无关，比如跟朋友一起吃午餐，和经理开回顾会，去修车厂取车等等。真正跟客户的约会，他用非常大的字体写，给人的感觉是他

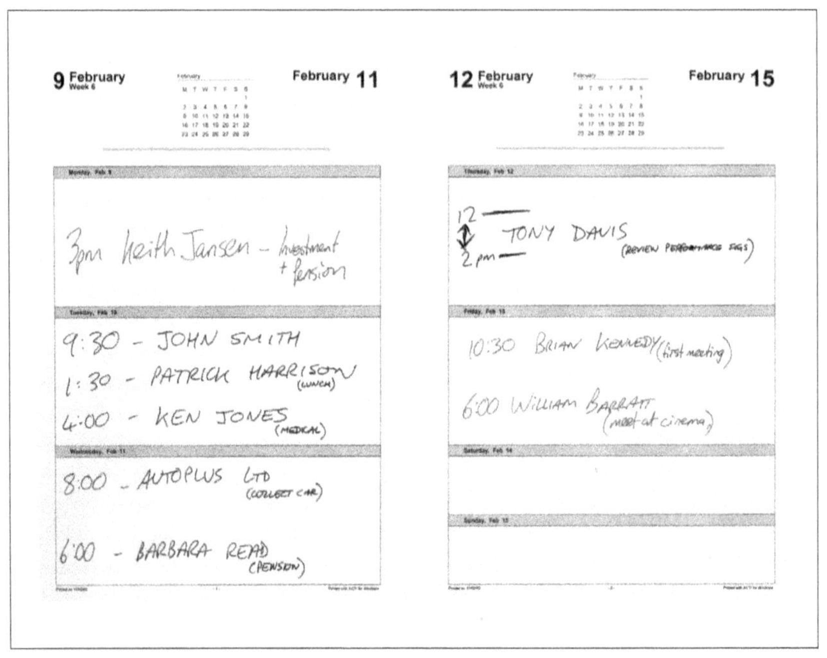

图5.6 - 我的旧工作日志

一整天都排满了。但实际上，他的工作只需要一两个小时。事实上，这就是我以前的工作日志!

在图5.7背面显示的是一天从我现在根据成功计划原则写的工作日志。这里，

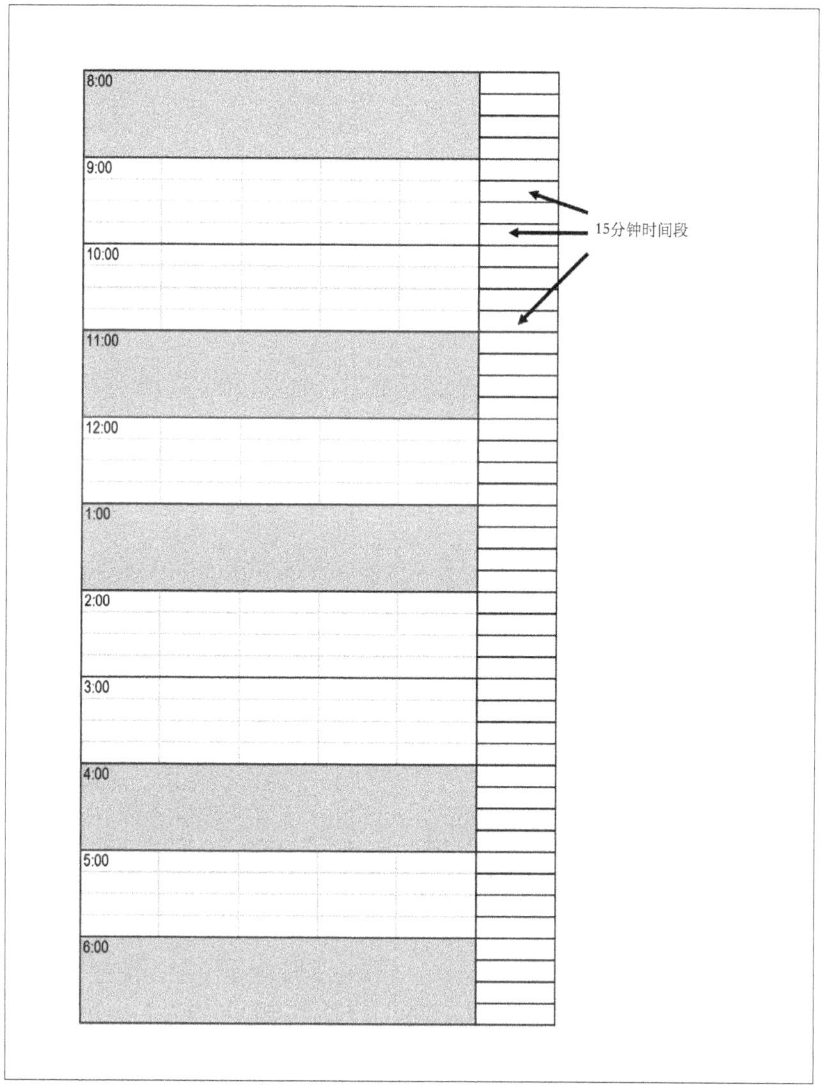

图5.7 - 15分钟时间段和阴影标识

我想指出两件事：1. 从早上八点开始到下午六点，每个小时都分成15分钟的单元；2. 有些单元用阴影标识。下一章中将会解释这些原则和其他事项。

27

财务顾问 - 如何成 个成功的从业者

让我们来规划15分钟的片段(见附录A-2)。这对我们的成功至关重要。我们需要出去买五支新钢笔——红色、蓝色、绿色、黄色和黑色各一支(见图6.1)。

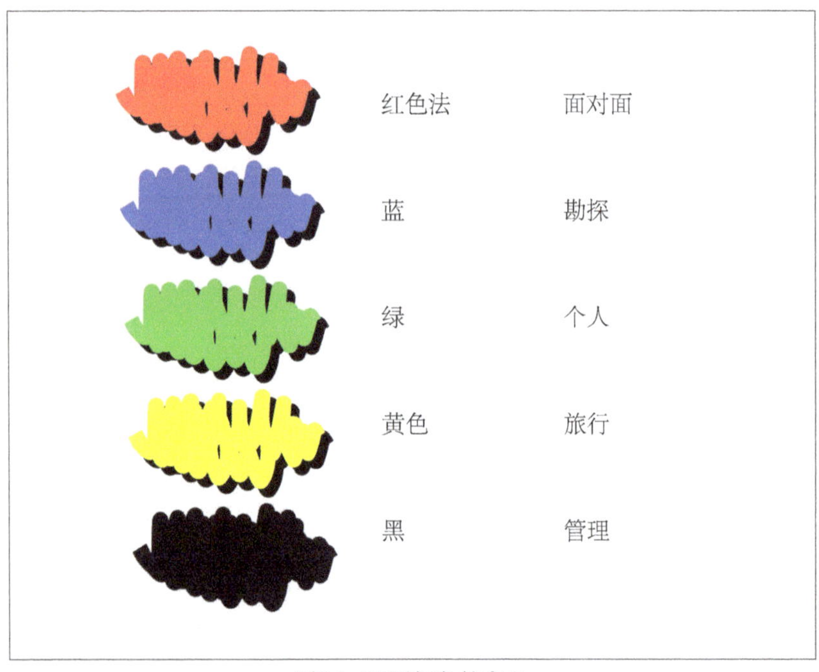

图6.1 - 不同颜色的意义

即使我们已经有五支不同颜色的笔了，我们还得去多买一些。我会解释为什么。每过15分钟，就用彩色笔在成功计划上涂上相应的颜色。

红色 — 与客户面对面沟通

蓝色 — 整理准客户名单

绿色 — 个人时间或陪伴家人的时间

黄色 — 旅行的时间

黑色 — 处理行政工作的时间

我们必须买五支新笔的原因是，如果我们像五年前的我一样，黑色笔会比其他的用得快，黄色的那只也用不了多久……而我的第一支红色笔还没有用完——我没有开玩笑！

每天结束的时候，花5分钟算算每一种颜色所占的百分比。

在图6.2是把一个典型的工作日的一部分时间上色之后的示例。

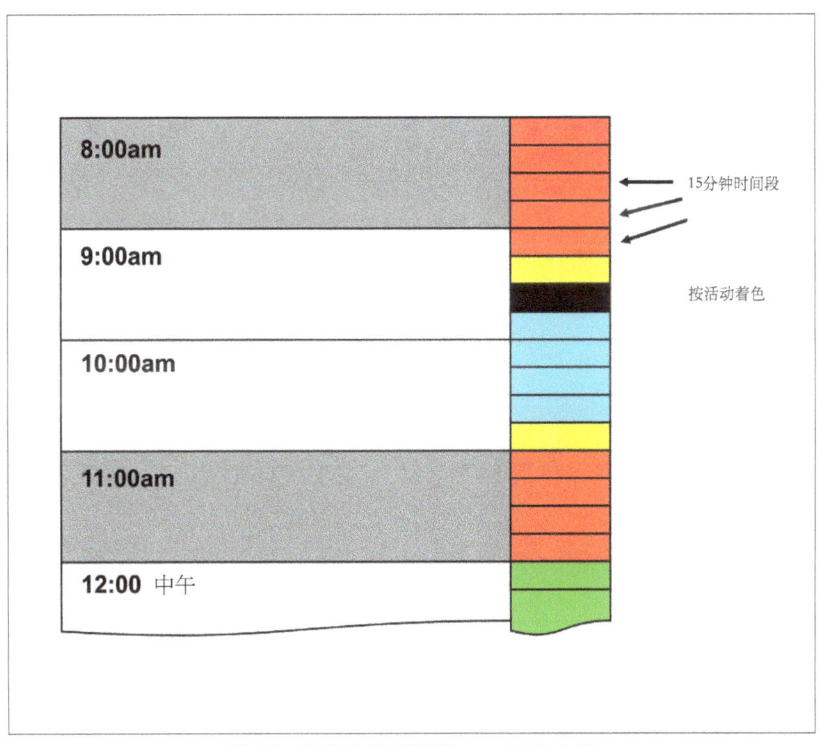

图6.2 - 15分钟的时间段——涂色之后

我确信对于许多读这里的人来说，完成至少四周的计划后，会发现我们工作日志的50%以上是黑色，不超过20%是红色，绿色很少，黄色太多。

如何增加红色(260英镑/小时)和绿色(个 人时间)，减少蓝色、黄色？最重要的是，如何减少黑色的部分？

6.1 红色 - 与客户面对面沟通的时间

我们将依次说明每种颜色的使用。首先，也是最重要的是如何增加红色的时间。我们来看看如何增加我们跟客户一起度过的时间，如何每周获得额外的一天。再看看图5.7，注意阴影部分。

这些是会面时间，是一天中仅有的我们能见到客户的时间。我们所做的根据目标安排工作日志。这样才能确保达成目标！

首先，我们触发大脑中的目标设定机制，开始填充空格。有了特定的空格，我们就不会突然用平时字体两倍大的字体记录，骗自己每天都很忙。填好既定计划之后，我们马上就发现还有很多时间可以约客户。当我们打电话给客户约见面时，突然之间，我们就掌握了主控权，而不是客户。再也不约客户晚上八点见面了。因为没有档期可用。中午12点不再见客户，也就是说在午餐时间，我们只见一个客户，否则我们吃饭的时间就不规律了。中午见客户的时间是上午11点或者下午1点。句号。你可能会想："不可能这么简单"或者"这对我没用，我必须根据客户的时间灵活安排"或者"有的客户只能在晚上见我"。

"有那么容易吗？"——有！然而，我要提醒的是，如果我们要彻底改变工作习惯，我们应该让客户知道。举个例子，当我和妻子发现她怀孕时，我决定儿子出生后，我每周只有一个晚上工作。在那之前，我几乎每天晚上都工作。于是，我给我的客户写信，解释我要做什么，为什么要那样做。然后问他们是否需要约在晚上见面，提前约好。客户的反应是非常积极的。现在我只是偶尔晚上工作，然而我的产能提升了，并没有降低。

"这对我没用，我必须得灵活安排时间"——我强烈建议你试一试。原来我也以为这对我没用。但不要只相信我的话，为进一步证明这种做法有效，参看其他职业，如法律工作者或医务工作者。

如果我们要见律师，我们会打电话预约。如果我们要找的律师三天内不能见我们，我们该怎么办？是不去打官司了？还是自己为自己辩护？当然不是。只要他一有空，我们就去找他。如果我们需要手术，这个规则也一样适用。只要我们需要一位专业的外科医生，我们就能在他的工作日志里找个空档。

我们没有什么不同。我们是金融专家，我们是专业人士。如果潜在客户足够想见我们，他们会在我们的工作日志上找到空档的。如果他们不那么想见我们，残酷的现实是他们可能不是非常好的客户或潜在客户。是的，我们可能会失去一些客户，但如果我们晚上能和家人团聚，有时间参加体育运动，或做任何我们想做的事情，失去的客户只是一个小小的代价。

"我的客户只能在晚上或周末见我"——如果你让客户选择，很多客户都不会选择谈人寿保险、或者投资、或者退休计划，更别说你让客户选择晚上还是星期六早上。跟前面说的一样，如果他们是认真的，他们就能在白天找到时间。不管他们有多忙，我肯定他们能安排时间去看牙医、带狗去看兽医或把车送去修理厂。他们只是需要用同样的态度对待他们的财务规划。

图6.3展示了我一周的成功计划。请注意，我可能会与17个客户见面，但我周末没有安排工作，我周一上午十点上班，我每天都有时间吃午饭，我从来不在早

上八点前开始工作，我每天下午六点下班，除了周二我工作到晚上七点，周五下午四点提前下班。如果一个人想约我见面，我们约的时间一定是在上午八点至下午六点。在接下来的四周里，真的不可能找不到双方都方便的时间。

我工作仍然努力，但包括午餐在内，我一周的工作时间是45个小时。比一般人多，但比财务顾问的平均工作时间少。我每星期见17个客户吗？并不是。但比起我在工作日志上乱写乱记的时候，我的工作时间更多了。因为是专注的一周！

增加红色时间的另一种方法是减少与客户面对面时介绍自己、说明自己的学历身份、和收集"硬"事实的时间。我已经说明，我并没有天真到会认为我们不跟客户见面就能成交，我也不建议你这么想。我们总是需要跟客户面对面沟通，也只有跟客户面对面，我们能真正掌握"软事实"——客户的希望、梦想和需要。但你想想，如果我们不这样做，我们会节省花在聊天和收集细节现有的情况上的时间。如果这些都完成了，我们就可以在跟客户第一次见面时建立信任关系，做客户付钱让我们做的事——解决财务问题。

为了实现这一目标，我们可以做两件事。首先，准备一个文件介绍公司和我们个人。文件的一面包含有关公司或机构的详细信息，例如何时成立、基金管理、产品专业化等等；另一面可以是我们的照片、我们的证书，还有来自现有客户的反馈。

星期一
星期二
星期三
星期四
星期四
8:00am
9:00
10:00
11:00
12:00 中午
1:00
2:00
3:00
4:00
5:00
6:00pm

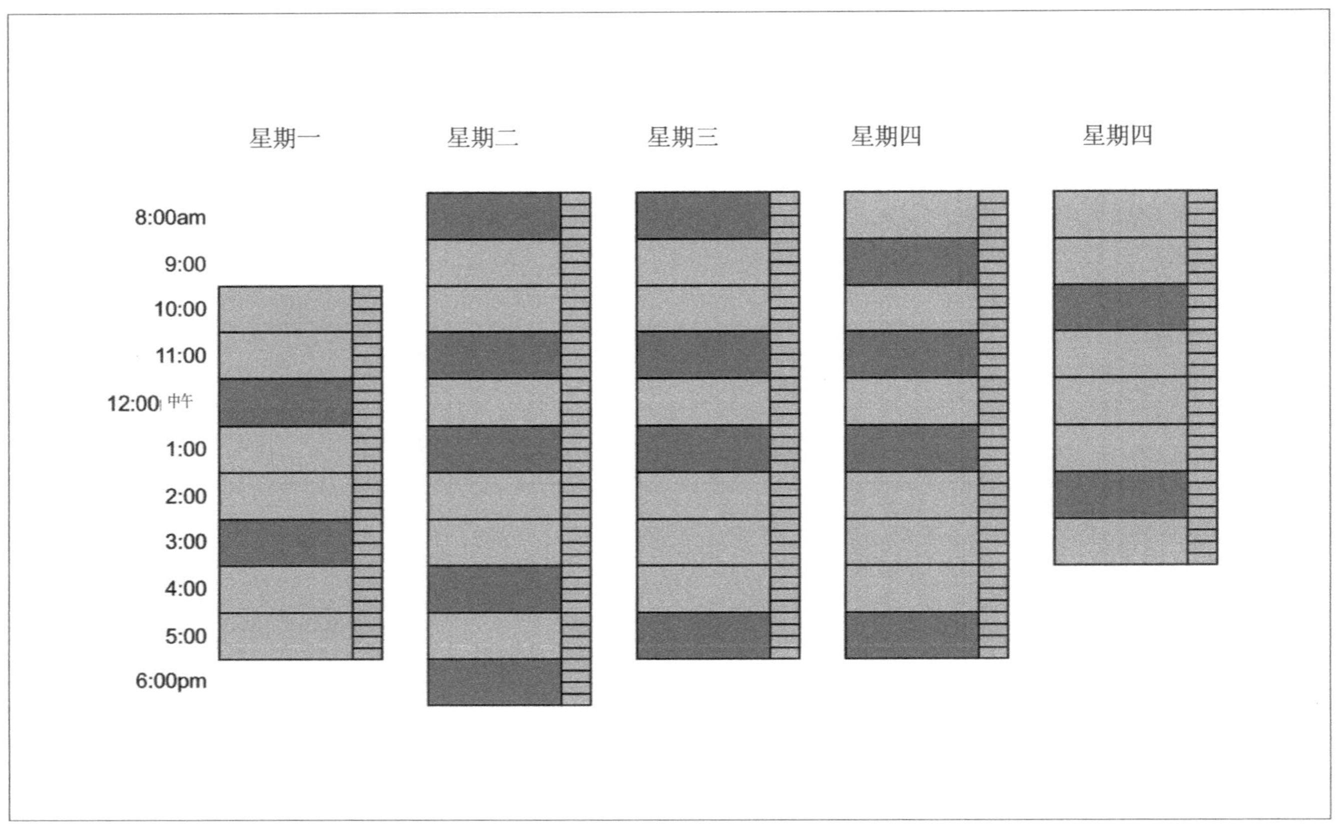

图6.3 - 成功计划 - 周计划

来自独立第三方的证明是非常强大的，不要低估，要充分利用。如果我们没有，那么首要任务就是请客户写下肯定反馈。

其次，在跟客户见面之前，把实情调查文件，或是缩小版的调查文件发给客户（见附录A-3）。附上一封信给客户解释我们需要提前完成这件事，这样见面的时间才是有价值，对客户来说尤其有价值。还要请客户提供例如工资单、公司福利或现有保单的信息。如果我们服务的公司或代理机构提供的表格比较复杂，会让客户感到困惑，那我们就在电脑上设计自己的迷你问卷，列出必要的问题。这样，当我们与客户见面时，就大大提高了沟通的效率。同样的方法也适用于完成签单。把表格寄给客户，请客户提前填写姓名、地址、保费等信息，包括一个保单清单和一个遇到困难时拨打的电话号码。

和我之前讲的一样，如果客户想要做规划，他们会完成表格。如果你感觉你的客户可能不会填写表格，我的感觉是大多数情况下，他们不想做规划，或者他们不需要规划。

以一位典型的顾问为例，通常他需要跟客户见三次面为一个新客户完成投保。第一次见面只是介绍，要花很多时间去互相了解，完成事实调查；第二次见面，顾问带着建议方案，给客户解释方案，并获得客户的认可。第三次见面是最后的签约。第二次和第三次见面中间，可能要电话沟通几次，追踪文档，澄清细节等等。用我们刚刚看到的方式，取消第一次和最后一次会议以及大部分行政事项追踪占用的时间。

客户从宣传册上看到我们是谁，我们做什么，提供所有必要的数据。见面时我们沟通具体内容。然后我们把所有需要签字的东西都发送给签字的人。

这样，跟一个客户见面的时间从三小时变成一小时，如果加上路上的时间，按单程半小时计算的话，每次见面的时间时两小时而不再是六个小时。

如果每周你以这样的效率见三个客户，就能节约12个小时——一整天的时间。谁想一周多出一天来？拿走不谢！

6.2 黄色 - 花在路上的时间

说到路上花的时间，让我们看看如何减少标黄色的部分，也就是路上的时间，看看如何避免，或者至少把它降低到一个绝对最小值。

第一种方法，是"内部"工作。让客户来找我们。它真的就这么简单吗，问就行了！

但如果客户问为什么他们现在要来拜访我们，而过去经常是我们去拜访他们呢？跟客户解释，告诉他们金融服务变得越来越复杂，我们需要我们的研究材料、系统、参考资料在手边。

毕竟，如果晚上七点半一个牙医拎着一袋钻头来到我们家，让我们坐在自己的安乐椅往后靠，我们会怎么想？如果一个律师周末家里拜访我们，我们又会怎么想呢？就像我们刚才做的对比一样，如果我们想被视为专业人士，我们必须像专业人士一样做事。我们经常听到这样的借口：我们没有办公室可以用来接待客户。长期有效的答案是：准备一个办公室！但我知道准备一间办公室需要时间、现金和计划。所以，我们达成共识，把这件事列入我们的目标，列入业务计划（我们都应该有一个业务计划——如果没读第四章！），然后想出更快速有效的解决方案。

如果我们没有办公室怎么办？在高档酒店的大堂或餐厅见面，零成本。许多酒店，甚至高速公路服务站现在都有专门的房间可以按天或按小时出租。如果我们附近没有高档酒店怎么办？

在一个共享办公空间里租一个房间。他们有专业的接待人员，一流的家具和办公设施，食品和饮料可以按成本供应。在世界各地，有很多运营共享办公空间的公司。事先做一些基本的准备工作，你就能找到在你需要的所有地方都有办公场所的运营商，让你在一个城市甚至一个国家，以很少的成本拥有一个办公室。

如果本地没有共享办公空间怎么办？去找一个本地专业人士，如会计师或律师，从他们那里租一间会议室。这是一个双赢的局面，认真选择他们的服务，无疑会对我们和我们的客户有用，反之亦然。我敢打赌，经过几次合作之后，我们开始从他们那里接受客户了，获得的价值比房租要多。盈利啦！

的确，现在的技术使我们可以在任何地方工作。我们可以时刻保持"在线"状态。对于我们的潜在客户和客户来说也是如此。如今，请客户来我们办公室，而不是我们去他们的家里或办公室的好处之一就是：这让他们"离线"一小段时间。通过让准客户专注他们的财务问题，哪怕只有一个小时，不受移动设备不间断的干扰，是我们可以送给客户的礼物。

另一个减少花在路上的时间的方法是停止通勤，在离家更近的地方工作。以我自己为例。我以前在伦敦的中心工作。我住的地方不太远，但是那时候公共交通不是很好，到处都是交通堵塞。每天花在路上的时间差不多要三小时。所以，我租了一间办公室，从我家步行十分钟就能到。每周为我节省了几个小时的时间，同时也节省了通勤成本，避免了通勤带来的坏心情。

出于同样的原因，客户也喜欢来拜访我！我们已经发现这一点：许多客户不喜欢市中心大而华丽的办公室。首先，去市中心的交通豪华的写字楼不容易，而且客户离开的时候，看着我们的大理石接待台和巨大的玻璃中庭，常常想他们所有的钱都花在了这上面！客户喜欢花时间去个好地方，所以如果你的办公室设在当地，一定要确保有基本设施可用，比如停车场或方便的公共交通。这使得拜访你的过程是一种乐趣，而不是一件苦差事。我还知道有一个财务顾问会在跟客户见面时，请人帮客户洗车(见附录A-4)。把办公室装饰得有些家的气氛，摆上干净、整齐、得体的鲜花，要保证地板上没有成堆的纸。简而言之，那种你自己会喜欢去的环境。熟悉了一个环境后，我们常常会忽略周围掩盖办公室真实状态的东西。

如果我们一周只约了八个客户见面，以拜访每个客户单程30分钟的路程计算，我们每周就节省了八小时在路上的时间。这样，我们每周就多出20%的工作时间。

我不提倡使用视频会议跟新客户沟通。我同意视频会议在保单周年检视中的作用，我也同意相比一通电话，视频会议是与客户建立快速联系的更好的方式，但是对于建立新的信任关系，我还是更喜欢和客户在同一个空间里见面。

但我承认，不是所有客户都可以约在办公室见面，比如，如果是企业客户，很难约到一个企业的三个合伙人或/股东团队一起见面。

如果我们必须出去见客户，使用工作日志目标设定原则。我把我的工作日志分成三个部分。周二是为见市中心的客户留出的时间，周三是去城西见客户，周四是去城东部的金融区。如果我要出城见客户，我都安排在星期一。星期五我都在办公室。我的客户都知道我的安排。所以，如果城西的客户打电话来约见面，周三的时间可以任意选。通过像这样把客户分区约见，我减少了花在路上的时间。我从来不会在同一天穿过整个城市再回来。我在小范围之内约客户。这也减少了比如公共交通、汽油和停车场的成本。

6.3 绿色 - 个人时间或陪伴家人的时间

目标设定原则将我们带向绿色时间区域——个人时间或陪伴家人的时间。大多数人都想要增加这个部分。这里采用的方法与之前我们使用完全相同。

在工作日志上，预约你的个人时间，像对待其他预约一样对待这个部分。就像其他的预约一样！我们应该把个人时间和陪伴家人的时间看得比见客户的时间更重要！就像我第一个孩子出生时，我就安排了更多的绿色时间。如果安排更多绿色时间对我们的目前的工作模式会产生巨大影响，我们应该让客户知道。

如果我们想多去健身房、高尔夫俱乐部、或者水疗中心，那我们得跟自己预约一下。如果需要参加孩子们的活动，如重要的体育比赛或学校的演出，记在工作日志上。我保证，如果客户约我们见面，我们解释说抽不出时间，因为参加颁奖典礼观摩孩子领奖，客户不会介意。尤其是当我们提供很多备选时间段供客户选择时，客户就更不会介意。

我想说，如果因为我有重要的家庭事务要处理，客户拒绝跟我谈业务，我也不想和他们打交道。这完全取决于优先次序。

很多人可能会坐在那里想，我愿意给自己和家人更多的时间啊，但不知道怎么能做到。如果真正的原因只是时间，那就坐下来，把成功计划中所有的概念都搞懂，算算什么地方你可以省出一个小时，立即把它分配到绿色时间。可能是因为每周少出门一次节省下来三十分钟，也可能有三十分钟是因为把表格寄给客户签字，但你一定会找到节省时间的办法。

然而，如果我们心里想要节省出一些时间，但头脑似乎在阻止我们，或者换句话说，我们知道这是一个好主意，但总是有很多"事情"要完成，答案可能是列一个清单，写下所有如果我们有更多绿色时间就会做的事情。请看图6.4

绿色时间 个人 / 家庭活动	阳性 从花时间	底片 从不花时间
每周去健身房3次	感觉更好+看起来更好 购买新衣柜 将实现减肥目标	睡眠不当 喘不过气来爬楼梯 孩子们在网球上打败了我
按时回家读睡前故事给宝宝和妻子共进晚餐	与孩子和妻子共度优质时光 睡觉前放松的时间，而不是回家，吃饭，睡觉，再次外出	失踪儿童成长

图6.4 - 增加绿色时间的原因

在左边一栏写下绿色时间要做的事。在中间一栏里写下花时间做这些事会有什么积极影响，在第三栏写下不花时间做这些事的消极后果。这样写完之后，你应该能找到至少一个令人信服的理由，把你的家人或自己放在第一位。

我曾经在分配绿色时间方面有个问题。好像只有我觉得自己值得休息的时候，我才会让自己拥有绿色时光。因此，我会一直工作，一直工作，几乎工作到崩溃的边缘，才给自己放一天假。到那时，因为我平时把自己逼得太狠，就会因为劳累过度而生病。好像我一直努力把一块巨石从山下的A点推到山上的B点，我越往山上走，重力就越大，直到最后我把它推上山顶，推下悬崖。(见图6.5)。在那一刻，我才终于可以休息，或者更像是崩溃。

然后我意识到我一直在用错误的方式做事。(见图6.6)。这表明将巨石从A点运到B点最简单的方法是充分休息。然后把巨石滚下山就变得简单。只要在石头下坡的过程中给它一些力，它就可以保持这种动力，那么把它推到下一个山上就变得相对容易。

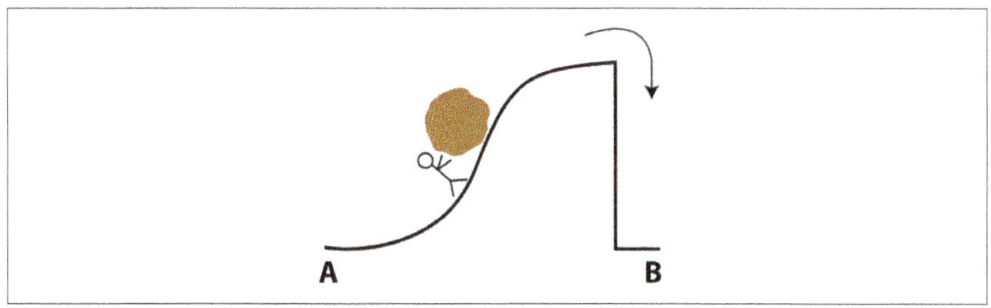

图6.5 推石头

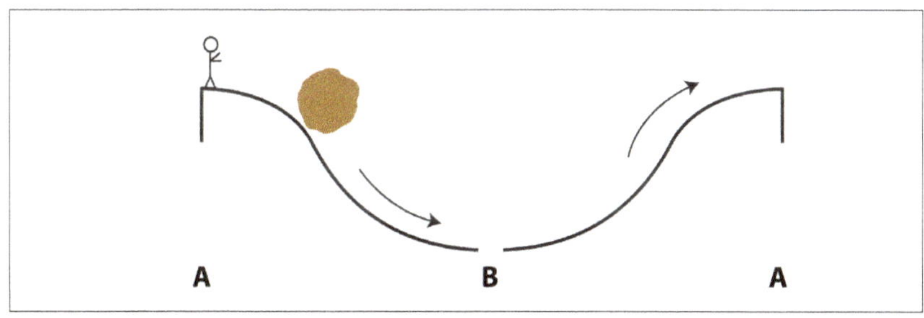

图6.6 - 推石头

这两幅简单的画改变了我的生活。但是仍然有些事做不到。对我们很多人来说，让我们无法准时回家、无法在周末休息，或者无法去学校看孩子演出的原因是我们要处理的大量文档工作。行政事务！

6.4 黑色 - 处理行政工作的时间

我在前面写过需要买五支彩色笔。对于大多数人来说，我们一旦开始写成功计划，这样做的原因就显而易见了。

黑笔真的很惨。如果我们真的用心去做成功计划，我们就会恨自己的黑笔。如果我们与大多数财务顾问有什么相同之处，与你有什么相同之处，如果你读到这里，肯定是我们都有高度的职业自豪感和强烈的工作动力。

问题是，有时候我们会分心，有时候我们不得不开启救火模式，从应对一个危机跳到应对另一个危机。如果不对这种情况加以控制，它就会持续几天甚至几个星期。我们只记得自己很忙，没有时间留给自己，产能数字没有变化，一周开始时写下的待办事项，还没有一项被划掉……

我们都能猜到为什么我们的成功计划上有这么多黑色。那就是我们所有人都面临着的、日益增加的行政事务。

需要证实我们的建议产生的文件、客户证实非洗钱行为的文件、为满足客户对优质客户服务的需求而产生的文件……，越来越多的申请收到评级，付出额外的努力却拿到一个有风险的案子。我可以一直说下去。问题是这些都是26英镑/小时的工作，而不是260英镑/小时。还记得吗?答案是把行政事务分配出去。

你正在读这本书说明你有成功的能力和渴望。但有一件事我们不能困惑，那就是我们应该认为我们是能做好自己的工作的最佳人选。我们可能很擅长工作中的某些方面，但是事实是，我们应该把精力放在只有我们能做好的那些方面。其他事情，所有我们称为"行政事项"的部分，我们都不应该做。我们都听到过高产能的顶级大咖在会议上讲，也在书中读到过，告诉我们要委派工作。

但我们都这样做过吗? 我们真的都相信委派工作的价值吗? 再一次，除了告诉你这是个好主意，我要用我自己的例子证明给你。让你知道这种方式如何为你所用。

举个例子，假设助理的薪水是2万英镑。用两万除以52个星期，假设助理每周工作40个小时，时薪还不到10英镑。而我们作为财务顾问的时薪是50英镑、100英镑、260英镑，甚至更多。

记得在第6.1章开始时我们讨论过这个话题。完成这些行政事项的成本是每小时10英镑或更少。在我们的例子中看到，每次我们在成功计划的一个方框涂上红色，我们都可以产生数百英镑的收入。

每次我们使用黑笔时，我们每小时工作时薪10英镑。如果我们想要更多的激励，拿一张贴纸，在上面写上每小时10英镑，然后把它粘在我们的黑笔上，作为我们每次拿起它的提醒!

每小时10英镑，请别人来做吧! 通常，一个顾问会花50%的时间在行政事务上。想想如果我们不需要做那么多行政工作，可以腾出多少时间来与客户面对面、可以多出多少时间与家人相处，或多出多少时间花在自己的兴趣爱好上?如果我们不需要做那么多行政工作，不用加班到很晚，我们能多出多少属于自己的晚上? 我们能找回多少美好的周末? 我们的生活品质又会有怎样的提升?多少顾问都希望找回这样的生活呢?

请记住，假设件均佣金只有500英镑。如果按照我们刚刚举过的例子，每周多签不到一件。当然，我们仍然需要做一些行政工作，这是不可避免的。但假设我们作为顾问每周工作50个小时，其中50%的时间都花在了行政工作上，那我们只需要把其中的一半，或是25%的行政工作交给别人做，就节省了12个小时。

有了这12小时，整整一天，我们能不能再多签一件? 对于大多数顾问来说，答案是非常肯定的!

假设有一个顾问决定要把成功计划中的某些想法付诸实施。例如，根据工作日志上设定的目标，每周多约几个客户；因为晚上没有约客户，早点下班回家；再跟客户见面之前，把表格发给客户，完成"硬事实"的收集；拜访客户的时间合理安排，把价值每小时10英镑的行政工作分配给别人。这样，就不难想象每周能够多出的生产力，会带来几个上千英镑的收入，无论是聚焦在大保单上，还是多签几件均佣金500英镑的客户。

通过把行政工作分配出去，每月多签四张保单，我们可以轻松地让生产力翻倍。除了两万英镑的助理工资，还有盈余，以及节约出来的个人时间。

我自己的业绩状态可以证明这些数字属实。因为我把这一系列的想法付诸实施，两年时间，我的产能就翻倍了。不仅如此，从那以后，我每周工作40小时，而不再像我刚刚进入这个行业的时候，每周工作70小时。

另外，找到合适的人帮你分担行政助理工作至关重要。我强烈建议你用高质量的招聘顾问，在招聘一个人之前，一定要看他/她最近的个人简历。起码要读一本关于招聘的书，或者上一个关于招聘的课程。在我找到对的人来帮我做行政助理之前，我四年时间换了四个助理。现在，我的情况是如果我的助理离开，让我自己来做所有的工作，我会非常艰难。毋庸置疑，让我产能翻倍的最重要的因素是我请了一位顶级的助理来协助我工作。事实上，我的客户们需要办理日常业务时，都更乐意给我的助理打电话。这就对了！我的客户们都知道，我的助理质量是最高的，他们相信我的助理可以满足他们的诉求。这样，我就可以把精力都集中在那些需要我的能力的工作上了。实际上，我的助理做行政工作比我强多了。

还有一些其他工作也一样可以分配出去。我建议你手头放一张纸，坚持记录2-3周。在纸上写下你做的所有事情，从打开邮箱到与客户见面，以及这中间你做的所有的事情（看附录A-5）.然后看着这个清单，看看哪些事情分配出去是更经济的做法。把这个清单和成功计划放在一起看。比如你可能会发现你很大一部分时间都花在开车从一个客户去见下一个客户的路上了。如果按照成功计划里"划片"见客户的做法，你会发现请个司机是更经济的做法。如果你把客户按照地理位置划分，你就会把花在车上的时间大大降低，可以有更多时间（更多红色时间）见客户。我发现，如果一天多签一单，就能赚出请司机的钱。那请谁做司机呢？可以雇个出租车，或者一个愿意做这份工作的全职司机。甚至你从给高管提供服务的公司，请一个穿制服的司机。或者就是亲戚朋友中有人乐意一周做几天司机，多赚一点钱。无论如何，工作效率一定会大大提升。你的注意力不用放在路上，而是可以打打电话，或者看看书，也就意味着黄色时间变成了蓝色或者绿色时间。花在停车上的时间和钱，也会大大减少，因为你只是下车然后从容离开。当然，请司机的支出可以列为业务支出减税哦！

同样，你也可以在工作的其他方面使用这一原则，比如接电话（接线员），文档准备和获得客户报价 （助理规划师)拆邮件和购买文具（办公室经理）。根据你的活动记录，决定哪些事情分配出去可以更经济高效，然后就等着看你的红色时间和收入大涨吧。

6.5 蓝色 - 通过转介绍开发准客户的时间

现在只剩下蓝色了。在寿险行业想要成功，唯一的方法就是保持一个持续的潜在客户流。有句话说得好："如果你没有客户在途，你就没有美好前途。"很多人说增加蓝色时间，开发潜在客户的时间，是很好的事。我原来也这么认为。

但是在开始使用成功计划一段时间之后，现在我的结论是：最好把蓝色时间，也就是开发潜在客户的时间分配出去，分配给我们的客户。虽然常常有例外，后面我们会讨论意外情况。不过业内的广泛共识是：获取新客户最高效的方式是个人推荐。因此，我们要跟客户要转介绍，让客户帮我们完成潜在客户开发。要转介绍的流程应该是自动化的。在我们这个行业，问得特别多的问题是："我们如何获取更多客户？"对于刚刚入行的，或是相对年轻的规划师，这个问题就更是要一次次的重复。有几年行业经验的规划师都知道，新客户的平均保费规模都会更高，这样才能保证业务的新鲜感。因此，我们要持续努力增加客户的基数。

我提议我们把问题改成这样，然后问自己：我们如何获取质量更高的准客户呢？

这一章会给你展示如何把你的传统的、耗时的客户开发方式转换成一种持续获取高质量转介绍的方式。与本书中讲到的所有方法一样，这不仅仅是理论，而是真正有效的方法。我会给出实例。

我们先来看看获得转介绍的传统方式。在开始之前，必须要做两件事：

首先：我们必须为客户创造价值、提供服务；

其次：我们必须开口要！

如果我们不做这两件事，我保证你要不到转介绍。

现在让我们假设每个读到这篇文章的人都在创造价值、提供服务，同时，我们假设我们都从第一次见面开始要转介绍，把它融入了跟客户的沟通中。如果我们做这两件简单的事，我们就能拿到推荐介绍。如果我们不做以上两件事，或者认为不值得得到推荐介绍，我们一定要问自己：为什么我们不值得得到推荐介绍？如果我们不确定是否推荐自己，那么一定有什么地方有问题！

我们被告知，能否获得转介绍取决于四个方面：

1. 准时到达

2. 说到做到

3. 有始有终

4. 说"请"和"谢谢"。(见附件A-5)。

除此之外，我们给客户提供建议的专业能力也要有竞争力。

这就是我们大多数人面临的挑战。我们不断练习获得转介绍的习惯，我们的专业能力足够，我们确实带给客户巨大的价值。但如果我们为所有客户提供优质服务，我们就能获得所有客户的推荐介绍。有多少人接到过电话是这样的："你不认识我，不过是约翰建议我打电话给你。他说几个月前你给他一些免费的建议，你能给我一些建议吗？"

我相信我们都很感激客户给我们推荐介绍。但是如果我们一直做没有报酬的工作，即便是客户推荐介绍的，我们也活不了多久。

现在就花点时间思考一下你的客户基础。

不管你只有两个客户还是有2000个客户，想想你最差的客户。想象一下你最差的客户推荐的业务是什么样。现在再想象一下由你最好的客户推荐的业务。你是不是明白什么意思了？你能看到我们说的是什么吗？如果我们给予每个人同样的服务，我们可能会从我们的顶级客户那里得到推荐介绍，但是危险的是，我们也可能会从最差的客户那里得到推荐介绍。不管是哪一种推荐介绍，我们都要做一样的工作！

很多人都熟悉80/20法则，也就是所谓的帕累托法则。下面的内容跟帕累托法则稍有不同。如果我们分析一年内成交的客户，除非我们所有的客户的收入和职业相同，我们将会发现下面的现象。无论我们成交多少客户，我们50%的收入来自于20个客户。注意，是20个客户，不是20%的客户。如果我们成交100个客户，我们50%的收入来自前20位客户；如果我们成交200个客户，我们50%的收入来自20个客户顶尖。如果我们成交400个客户，我们收入的50%仍然来自前20名客户(见附录A-6)。

这里传递的关键信息是为了提高推荐介绍的质量，必须把重点放在提高优质客户的服务上。

我们大多数人都熟悉目标设定。如果不熟悉，请阅读第十一章和附录B，并考虑其中的一个标题。我们要做的就是设定转介绍目标。要做到这一点，我们需要知道是谁是我们的20个顶尖客户。我的定义是和我相处好的、有创业精神的、有经济潜力的，不止在财务规划一个领域，未来可以提供进一步发生意机会的人。

花点时间列出你的20名顶尖客户。你可以使用图6.7的网格。当我第一次做这件事时，只有14个客户符合我的标准。不过还好，我们现在来看看怎么填这个表格。名字列的右侧是三个转介绍列。这些是我们需要填写的。拿起你的笔，写下你最好的20个客户的推荐名单。你可能没什么可以写的，也可能你填不满一半的空格(请参阅附录A - 6)。

即便目前只有几个名单，我们也能看到面前有几条路通向未来的业务发展。现在，大脑中的目标设定机制会开始帮助我们填满空格。我们有一种与生俱来的渴望，想要看到这些空格被填满。

如果你有一个客户给了三个转介绍，这三个转介绍都达到了你的标准，把这三

数	客户	转介 1	转介 2	转介 3
1				
2				
3				
4				
5				
6				
7				
8				
9				
10				
11				
12				
13				
14				
15				
16				
17				
18				
19				
20				

前 20 名客户的平均案例 6 =	
乘以	x
列表中的间隙数	
等于	=
前 20 名推荐的潜在产品 =	

图6.7 - 60个转介绍

个名字填进表格的底部，开始跟这些新客户要转介绍。这是一个没有终点的自生过程。

现在做一个很快速的练习，在图标6.7的底部的空白处，写下你认为你顶尖的20个客户里，每一个客户给你带来的平均佣金。记住，这些客户是你最好的客户中最好的那部分。是500英镑，1000英镑，5000英镑还是10000英镑？现在数数你的本子上的转介绍，然后把它们写到空格中。用件均佣金乘以空格的数目，得出的数字是不是很让人兴奋，哈？我们开始看到，把我们的精力像激光一样聚焦在顶级客户上，比我们把精力都散落在整个的客户群上，能得到更多的收获。

把这些清单放在我们能看到的地方是非常重要的，例如办公桌前的墙上，或是工作日志中。这样，每天这个清单就会提醒我们的潜意识要处理的事情。

举个例子，当我做这件事时，结果是这样的。我给我的一个朋友打电话说："佛雷德，我是伊恩 格林"。佛雷德说："很高兴你打电话来，我一直想给你打电话呢。"（你遇到过这样的事情吗？）"你哪天能来我办公室一趟？我告诉我两个同事我们的财务规划，他们想跟我做一样的。"现在记住，这是我最大的客户之一，刚刚有两个客户都给了我这样的转介绍。"好的，佛雷德"我说（为没有早点打电话问他要转介绍狠狠踢了自己一脚——记住最基础的动作—开口问！）然后我们预约了拜访他同事的时间。"哦，伊恩，你打电话来什么事？""佛雷德，你能把你的律师的名字和电话告诉我吗？""没问题，发生什么事了？"。"没什么事，佛雷德，因为我给你做的规划是成功的，我想你的律师可能也有类似的客户需要我提供同样的帮助。"

简而言之，结果就是佛雷德非常愿意帮助我。他给他的律师打电话，说我会给他打电话。当我给佛雷德的律师打电话的时候，他也很高兴我打电话给他，因为他一直在寻找一位信得过的财务顾问。从那时开始，我们在很多项目有合作，这些项目为我们俩都带来很可观的收益。那只是一个电话，结合销售基础动作，就能产生大笔收入。赶紧去试试吧，亲测有效！

我相信你一定听过这种说法，我们要定期给客户发送邮件以保持联系。我们中有多少人真的通过发邮件跟客户保持联系？那你看看，当我们聚焦我们的时间、精力和投资时，会发生什么。

接触客户（例如送杂志或发送邮件）

客户＝总共500（500客户＝一个标准的顾问的活跃客户群）

各项花费（如时间、分发礼物和邮资）＝1英镑

总计花费：500英镑

这个作为一个选择如何？

接触有质量的客户（例如送业务书）

客户＝顶尖的20个客户

各种花费＝25英镑（包括邮资）

总花费＝500英镑

想想一下，如果你给顶尖的20个客户每个人送了一本25英镑的书，尤其是你是根据他们的兴趣爱好或者专业定制的——如果你想不出什么好主意，有很多优质的课程或是书可供选择。如果我们收到供应商寄来的东西，我们想要什么？如果我们收到一份很有价值的礼物，封面标明我们是供应商的20个顶尖客户之一，我们感受如何？感觉很特别，是吧？我们开始从我们最好的客户那里得到转介绍，而不是从最差的客户那里得到转介绍。

在上面的例子里，我们的市场推广费用总共是500英镑。这是好是坏？太多还是太少？这里没有正确或是错误的答案，因为这取决于我们从这个推广中产生的一个客户或是一些客户带来的收益。在这本书后面有一整章会讲业务和客户数据追踪。

1. 知道获取一个新客户的成本；

2. 知道件均佣金；

在我们继续前行之前，我们必须掌握我们业务中的这些数字。看看第七章，把客户全部分类，主要是计算每一个客户带来的利润。计算总产出，然后减去各

种成本（代理费、员工工资、房租等等）我的净利润是10%到20%之间，简单的说，就是平均15%的净利润。

我的顶尖20个客户的件均保费是4161英镑。我全部客户的件均保费是1905英镑。所以顶尖20个客户的件均保费是其余客户件均保费的两倍。注意，这些并不是大单，但是也不算小。我不是行业内的超级巨星，每天都能签超级大单。我只是在这个系统内工作。重点是，我的件均保费每年都保持成长。我知道我顶尖的20个客户的保单产生的件均保费是4000英镑，我的利润是600英镑。这样，我花300英镑在一个客户身上的话，也不会不舒服。因为我还是有利润的。这样一比较，一个普通客户的总利润是285英镑，低于一个顶尖客户的市场推广预算。

我们必须要计算客户提供利润的能力。然后计算所有客户的件均保费，与顶尖的20个客户的件均保费做对比。

一旦我们知道了我们的件均保费和件均利润，我们就可以设计市场推广预算和推广活动。在本章后面的部分，我会给出一些行之有效的获得转介绍的方法。

为了确认这一点，我们需要提升对现有的20个顶尖客户的服务，聚焦对这20个客户的服务。他们会给我们推荐更多的优质准客户。不要再跟别人要转介绍了。我能想象，在这个阶段，有些读者可能会想，"我可不敢那么做"。想想我们刚刚看过的数字。事实是，我们不能不敢那么做。在后面的例子里，我会证明这一点。

我们来看一下一个典型的财务顾问的案例。这位顾问有500个活跃的客户，他为所有客户提供合格水平的服务，使用各种不同的方法来开拓准客户。这位顾问，应该像大多数的读者一样，总是准时出现，非常专业，跟客户的关系非常好。

这位顾问每个月会收到八个转介绍，也就是一周两个。这八个转介绍来自客户电话、情景开拓和日常的邮件开拓。每月举行一次讲座能产生八个陌生渠道客户。在每月的16个客户里，大部分还不错。通常都会有一些"浪费时间的人"。客户基数大了，偶尔这位顾问也会撞大运。平均来看，75%的转介绍和50%的陌生客户会成为客户。这就是每月10个新客户，或者是一年120个新客户。

每件的件均佣金是600英镑，也就是一年72000英镑。由于各种不可控因素，即便降低10%，这个收入也是不错的。不过拿到这个收入，需要做大量的工作，大量拜访客户，大量的纸头工作，要非常努力。

现在我们来看看如果这位顾问聚焦在服务顶尖的20个客户会发生什么。自然而然地，件均佣金会变更多，变成每件1200英镑。我们的这位顾问把20个客户列出一个名单，同时在这个名单表格设计了转介绍栏，预留了60个空格。接下来，这位顾问给20个客户挨个打电话，跟客户解释说他已经成为他最有价值的20个客户，事实上，是他顶尖的20个客户。从现在开始，他的客户服务要比以前水平更高。我们的顾问进一步解释说，因为给客户提供的服务水平高了，那么用来开发新客户的时间就变少了，所以他需要一些帮助。"我很感激你的帮助，你能给我介绍三个准客户吗？当然，你不太可能知道他们的财务状况，但是你可能认识三个跟你情况差不多的人，符合我的20个顶尖客户的画像。他们关心家人，关心事业发展，他们都是决策者，具有巨大的财务潜力。"以前，你可能会制定自己的标准，比如说企业主，或者居住在某一区的人。这种方法最大的好处是越用越简单，因为很快发现你去要转介绍的人就是你之前的转介绍。这个方法就是个自然的发展过程。

如果你最可怕的噩梦变成现实了，那会怎样？如果你20个顶尖客户被你的要求吓到了，立即拒绝了，从此不再跟你签单，又会怎样？糟糕！还有更差的，我们想象一下，三个客户太害怕了，他们从此就不再见你了。别害怕！剩下的17个顶级客户里，八个人会给三个转介绍，八个只能给一个，剩下的一个特别开心能帮到你，所以给了五个转介绍。所以现在我们就有了37个优质的准客户名单啦！

我们假设成交率不变（成交率会提升，因为这些是优质客户）。我们假设件均佣金也不变（件均佣金会提升，因为这些是优质客户）。如果75%（27）的转介绍转化为客户，件均佣金1200英镑，那么就会带来32400英镑的产能。尽管这是一个非常棒的主意，我也没有天真到认为它不需要时间去转化。所以，假设我们每隔一个月做一次，而不是每个月都做（我们都不想事业发展太快，不是吗？）这样，就会带来一年194000英镑的产能。因为这些都是优质客户，我们可以允许这个数据因为某些不可控因素下降5%。这意味着产能变成185000英镑。这就是更聪明地工作而不是更努力工作的清晰定义！记住，你的20个顶尖客户是在不断变化的。新的名字不断增加进来，给你下一次市场推广提供了客户源。如此一来，你的客户群质量只能不断提升！

到目前为止，客户得到了更好的服务，我们的业务不断扩张，而且我们找到了更聪明的工作方式。现在我们需要记住这个神奇的表达——"谢谢你！"在前文中，我们已经说过如何计算获得一个新客户的成本。这样，我们可以做好预算放到我们的业务开展计划。这样一来，我们就可以在深思熟虑中日积月累。

1. 邀请客户参加"感恩日"

感恩日的活动可以是体育项目、看各种剧或是美食聚会……我有一次甚至带着客户去坐热气球——感恩客户的活动形式很多，以天空为界。我曾经安排我医疗界的客户参加"高尔夫日"。每一个受邀客户都邀请一位同事。我们先请专业人士给大家上课，然后他会带着我们在高尔夫球场走走，告诉我们打高尔夫球的一些技巧。回到著名的"第19洞"，会有一个脱口秀演员表演。这样，大家一天都过得非常开心，而且也会有一批客人变成客户。

2. 送礼品

如果我们真的了解我们的客户，我们应该知道客户的兴趣爱好。给客户订阅一份专业杂志如何？成本最低，而且能让客户一年想起你12次。

3. 三个字母法 - 不是邮件的三个部分，而是A.S.K

跟客户讲，如果我们可以少花点时间开拓新客户，就可以多些时间给他们更好的服务。然后说："请你帮我推荐三个我可以跟他谈保险话题的朋友。他们要像你一样值得信赖，在经营企业，并且能够做决定——就像你一样。"

通常情况下，客户给出名字之前的反对意见都是担心被介绍的朋友生气或者担心。因为他们的信息在没有被告知的情况下透露。因此，我通常都会跟客户申明"然而，我一直坚守一个原则，对你也不能打破，那就是只有在你跟他们沟通过之后，我才会跟他们联系。"这样可以吗？

4. 销售后的总结 - 通过邮件获得转介绍

在英国，每一次成交之后，都必须写一封信给客户总结客户购买的理由。如果在你所在的州或者国家，这不是必须要做的事情，我强烈建议你考虑一下。有一天，这很可能成为必做之事，是非常有价值的一项工作。然而，我不把这件事情当作杂事，而是获取更多转介绍的有效方式。

在我们的售后总结信中，我们会写到一段"补充说明"，说"请记住，我们所有的业绩都是来自个人推荐介绍。如果客户给与我们支持，把任何一个我们有可能帮助的朋友的情况给我们，这对我们是极大的帮助，可以让我们提供客户期待的，他们应得的更高水平的服务。你在推荐介绍方面给与我们的支持是我们最感恩的。"

注：在将我上面介绍的几种方法付诸实施之前，请先查看你所在的州或者国家对于保险、税收或者法律的规定中，对于送客户礼物的条文。

推荐介绍的理念是如何出现的？从20个顶尖客户的角度看，他们得到了优质的服务，跟一位值得信赖的规划师建立了良好的关系。在接受服务的过程中，客户感受到被尊重、被感恩。从我们的角度看，我们提供了非凡的价值，我们得到了恰当的回报，因为我们更聪明地工作，业绩也变得越来越好。

你可以用第三章介绍的机会网格列出你的20个顶尖客户，然后使用好转介绍这个概念，坚持做下去，直到所有的网格都变成红色。

总结一下，改变旧的、耗时耗钱的客户开发方式，采用新的自生式、高质量转介绍为基础的业务模式，大约需要三个月到九个月的时间。

想要实现这种改变，我们必须：

1. 赢得客户的信任；

2. 提供卓越的服务给20个顶尖客户；

3. 在获得转介绍这件事上设定目标；

4. 实施一个市场开发策略，并且

5. 永远记得说"谢谢你"，记住"要"！

6.6 蓝色 - 没有转介绍的开发客户时间

对于没有足够的高质量客户来获得转介绍的人，我也总结了一些开拓准客户的方法。这些方法中，有些已经被证实有效，有些不太有效。 如果用一句话来总结下获得准客户的秘密，那就是"在对你有利的情景之下去认识人"。

1. 定义你的目标市场

第一阶段是定义你的目标市场。你想什么样的人成为你的客户？那么你又想去寻找谁呢？有一句老话这么讲："如果你想直到约翰史密斯想买什么，你必须通过约翰史密斯的眼睛去看。"千真万确。你的目标市场想要什么？你的目标市场生活在哪里，在哪里工作？他们平时读什么书？

他们关心什么？担心什么？当我们知道了这些问题的答案，获取了更多信息，才是我们开始联系他们的时候。

例如，如果你想以医生为你的目标客户群，那就去熟悉医生在财务规划方面需要什么。他们需要什么样的保障和利益，给医生打电话的最佳时间是什么时候，医生什么时间退休等等。

如果你想把企业主当作你的目标客户群，你就应该加入当地的商会，或是与会计师事务所合作建立公司。简言之，做企业主会做的事，去企业主会去的地方，像企业主一样说话。

一旦你确定了自己的目标客户群，你知道他们将会面临什么样的挑战，你就知道你可以给他们提供什么样的解决方案。这个时候，我们需要确定用什么样的方式来接触这些人。

这一系列的问题需要思考：

- 通过电话来联系目标客户群？还是社交媒体？电子邮件？还是其他什么方式？
- 是我们自己联系目标客户群还是外包给专业人士？
- 发电子邮件之后给客户打电话，或是通过其他方式或是社交媒体？
- 用我们选定的方式来联系目标客户群的成本和成功率是多少？

社交媒体和互联网把开拓准客户的成本降低到几乎为零，但是同时成功率也在下降。

你不仅要在开始行动之前搞清楚这些事情，监测结果也一样重要。只有那样，你才知道你的方式是不是有效。在招募的时候，如果你通过营销的方式而不是转介绍，我力劝你聘请一位做市场的专业人士。如果操作得当，很快就会获益。只是这样需要你付出一点启动资金。如果这种方式超出你的能力了。那就参加你选中开发的领域如直邮行销方面的研讨会，或是读相关的书。

2. 不要做的事情

印广告页、在线广告、在展会摆摊这些方式都不要用。这已经是被大部分的财务顾问证明是很难获益的方式。如果你想要印证，就去看看主流财经类报纸或是网站上的广告，那些大多是直接提供职位或是低端的产品。这些都不是我们这些提供面对面咨询服务的顾问应该感兴趣的。我们不应该跟那些直接提供工作机会的大集团竞争，他们都很有钱，是价格战的赢家。我们陷入所谓的"商品商品化"，只是试图以越来越便宜的价格（折扣）转移我们越来越多的商品（数量）。除此之外，对于"小型印刷品"的管理要求也会有影响。你付费使用的广告版块也是管理部门发布公告的位置。他们以保护消费者的名义发布公告。然而我忍不住想，那些家喻户晓的大公司在销售了低端产品之后怎么全身而退。你知道的，就是那些免费的闹钟、旅行包或是购物券，跟着小报就一起寄到家里来了。如果一个顾问给给低收入人群那些收费高、不灵活的产品，这个案例是不太可能通过合规的。然而，他们也是可以生存的。也许改天我们可以谈谈阴谋论。

众所周知，参加金融展览的人往往是那些永远不会光顾的"浏览者"。他们只是来蹭免费的午餐而已。参加展览所付出的费用和时间很少能收到应得的结果。

我知道不管是通过印发广告还是在招聘会摆摊，都会有成功的案例。卖广告版面的人和组织招聘会的人肯定跟我有不同的观点。但是我依然认为这种成功故事只是例外，而不是普遍现象。

3. 举办说明会

获取准客户最有效的方式之一就是举办说明会（见附件A-3）。像其他开拓准客户的方式一样，首先定位你的目标客户群。例如，你想要手里攥着一大笔钱的退休人员来投资，还是想要服务企业主。

你选择的目标客户群将决定说明会的内容。

就像我们工作的其他方面一样，保存全面的数据，从应邀参加的人数到当天实际出席的人数。然后记录邀约到的准客户数据到最后成交的数据。记得要记账，举办说明会支出多少，回报又是多少呢？每一次说明会之后，都做数据记录，然后计算平均值。避免通过一次大的投资或者是突然涌现出一大批人参会带来的数据峰值。不要只组织一次说明会。这种形式要做成一个项目，连续运行一年，最好是连续运行几年。说明会的内容可以是同样的，可能需要把里面有关时事的部分更新以保持新鲜。但是你举办说明会的日子可能不是每个人都方便参加。如果你有规律地举办说明会，那么第一次没能参加的人，可能会参加第二次或是第三次。那参加过的人呢，可以推荐朋友和同事来参加将来举行的说明会。因为同样的原因，一天可以举行几场研讨会，也许早上一场，下午一场，晚上一场。

你一定还记得跟准客户的第一次销售说明。现在回头看，当时你的表现可能不是特别好！但是，你一次次地重复，一年年变得越来越自信，现在你可能都可以随时进入自动展示模式。举办说明会也是一样。你不要期待第一天就发生奇迹，但是要坚持下去。开始之前，想好一天举办几场，一年举办几场，根据你得业务规划做出预算。

下面有一些技巧帮助你的说明会取得成功：

• 晚五分钟开始，这样就能减少被迟到的人打断的次数；

- 说明会的日期要避免跟重大事件冲突（如皇家婚礼、某个比赛的决赛或是公众假期）；

- 说明会的地点应该有充足的停车工作人员，距离应该不超过与会者20分钟的车程；

- 你的目标应该设定为25人参加；

- 确保说明会的场地是那种可以"缩小"或"变大"的会议室，以防某天来参会的人跟预期相差太大；

- 说明会场地应该有空调；

- 说明会现场不提供酒类饮料；

- 穿着要讲究，能够给与会者留下好印象；

- 引导与会者先坐满前排的位置；

经验表明，举办说明会，最难的不是说明会当天，而是开始邀约足够的人来参加说明会。我认识一些顾问，说明会办得特别棒。并且他们培训了团队专门跟客户邮件往来或者通过电话进行追踪。通过在公司内部举办活动，他们可以控制成本，降低成本。

在我的公司，我们把这个项目外包出去，并且请了一个电话销售公司来对整个项目进行监控。尽管这样做会增加成本，同时也保证了参与活动的人数和质量，也就是说，如果谁是为了免费的三明治来参加活动，那么他的名字马上就会被替换掉，而且不会产生额外的费用。

通常，举办说明会的目的是引发行动。说明会结束后，与会者就想要跟顾问一对一的见面探讨。说明会有双重目的，第一是告知与会者他们有需要解决的问题，第二让他们知道我们是可以帮他们解决问题的人。

4. 人脉网络和不同专业的介绍人

在这里的人脉网络，我不是说那种金字塔类的组织。而仅仅是增加与其他人或者组织互惠互利的双赢关系。在一个简单的层次和一对一的基础上，最流行的形式是不同专业的介绍人。通常，对于一个财务顾问来说，最好的业务介绍人是会计师或律师。随着专业化逐渐成为常态，可能会需要两个专业人士以不同关系合作，例如律师的产权转让合伙人与抵押专家合作，公司律师与商业保险专家合作。

尽管会计师和律师是最先浮现脑海的两个职业，再想一下，就会有更多职业涌现出来。还有很多其他的职业，比如地产经纪人、一般保险经纪人或是管理咨询顾问。他们都有把某些业务外包给财务服务专业人士的需求。

在人脉网络里，能够成功的关系一定是双赢，而不是单赢的。在一个基本水平上，财务顾问可以给介绍人一定比例的佣金作为感谢，但是在某些职业里，这可能会引起职业操守问题。对双方来说都更容易接受的方式是，反过来把产权交易律师推荐给你的抵押贷款客户，把会计师推荐给需要填写报税表的客户。这是我经常采用的方式，在这样的关系中，不需要任何形式的报酬。

很多组织都意识到，其实上面的方法是真正有效的。所以成立了正式的联盟去支持愿意互相支持介绍的人。他们常常采用的方式是早餐会或者午餐会。

虽然建立自己的专业介绍人群体常常是最具吸引力的路径，每一个参与其中的人都应该了解你的工作范围。会有报酬吗？如果有，是多少？如何对待转介绍？如果这种关系变成单边关系，会发生什么？

专业的关系网组织知道所有这些问题的答案。但是要小心那些收费过高，而且坚持每一次会议之后，都要坚持获得一定数目的转介绍的组织。因为这样可能会引起不好的感觉，而产生的转介绍也可能只是为了达到配额凑数，质量不佳。

如果不违背道德的人脉网络是你想尝试的方式，那么我的建议是从你们当地的商会开始。会议和社交活动都是与其他期待进一步拓展业务的商务人士(因为我们也是商务人士)在一起。如果你的长远目标是帮助别人，你就会成功。你必须真正对跟你说话的人感兴趣。一个好的开启话题的问题是："你是如何开始你的生意的？"准备好迎接开门泄洪吧。我们都喜欢谈我们的生意，谈我们自己。在一屋子人想要把他们的故事讲给别人听的时候，愿意听的人成了有价值的商品!

如果你接近一个人脉网络，是把一屋子的陌生人看成是可以理解成交后就在名册上划去的客户，那你注定要失败。你必须先建立自己的好名声，通常是通过做一个诚实、值得信赖、博闻广识的人。当你做到这一点，那你的转介绍就会源源不断地进来了。

5. 写信

在第六章6.5中，谈到转介绍，我曾说要得到优质转介绍，应该有比给每一个客户写信更好的方法。给所有客户写信，你可能从所有客户那里拿到转介绍，但是我们的目标是从顶尖的客户那里得到转介绍。把转介绍的事放一边，写信是让你的名字出现在客户眼前的好方法。写信就是像一门艺术，可能最好还是留给以此为生的人。作为一个专业的财务顾问，一个新手作家，我可以保证不管要花多少时间，都要保证出版物或者文章里没有错误或者是疏漏。可是看起来不管检查多少次，最后印刷之后，总是有一些小小的拼写错误。如果再加上可能引起的合规问题，你就能理解把这件事外包的价值和意义了。有很多公司愿意给你提供每月或者每个季度的信件服务。他们会负责信的内容、合规，把你的相关信息套印在封面，给客户一种专属信件的感觉。信件的成本从几便士的一张黑白的纸到几英镑的几页彩色的杂志都有。做预算的时候，记得把信封和邮票的成本都计算进去。

现在更流行的是发电子的信件。这样的好处是成本比传统的纸质信件成本低很多，但是很自然地也就少了很多保存的价值。因为收到电子信件的客户都知道电子信息的特质。如果你打算用电子信件，那就确保用非常个性化的设计，有抓人眼球的效果。电子信件的另一个好处是容易保存在你的网站上，成为你的资源。客户们可以来搜索，节约了你的钱，同事也让客户在方便的时间获取信息，而不是要等到你有时间的时候。

52

总结 - 下不同颜色代表的含义：

• 红色 - 与客户面对面沟通；

• 蓝色 - 开发准客户；

• 绿色 - 个人时间；

• 黄色 - 旅行；和

• 黑色 - 行政工作时间

每天结束的时候，花五分钟时间统计一下这一天花在不同颜色上的时间百分比。每周五花十分钟时间统计一下这一周花在不同颜色上的时间百分比。每四周结束的时候，花30分钟时间回顾一下这个"月"——我们有13个月，按照一个月四周计算的话。

通过使用成功计划中的一些概念，我们中大多数人都能多出四个星期时间，把一年变成13个月，而不再是12个月。通过重新规划时间或是减少旅行，能多出八个小时，通过授权，又能多出10-20个小时。

思考一下完美的一个星期是如何安排的。我的完美星期如图7.1所示。我们应该在工作日志上做好计划，规划出跟客户见面的时间，跟家人共度的时间，处理行政事务的时间等等。做好计划，严格执行。不要让客户决定你什么时候跟他们见面。问他们预约哪个空档，给他们选项让他们选择。要记住，这是你的成功计划。你要负责整个计划，你定义你的成功。我们可能希望一周中的每一天都有约，也可能希望集中在某几天约。我们这个行业有各种方法，各种风格。你需要做的，就是找到适合你的方法和风格。有人梦想年薪百万，一周只共工作八个小时，有人想只花一点时间在工作上，花尽可能多的时间陪伴家人，还有人想二者兼得。

在下面这个例子中，灰色的时间段是备用的。在这个时间段，我们可以处理业务管理问题，参加培训，处理个人事务。事实上，灰色可以是任何颜色。在实际应用的时候，我们的灰色时间块可能会比示例中多，或者完全没有灰色区域。在这里重要的是，我们把其他时间都提前规划好了。

家庭时间
家庭时间
8:00am
9:00
10:00
11:00
12:00 中午
1:00
2:00
3:00
4:00
5:00
6:00pm

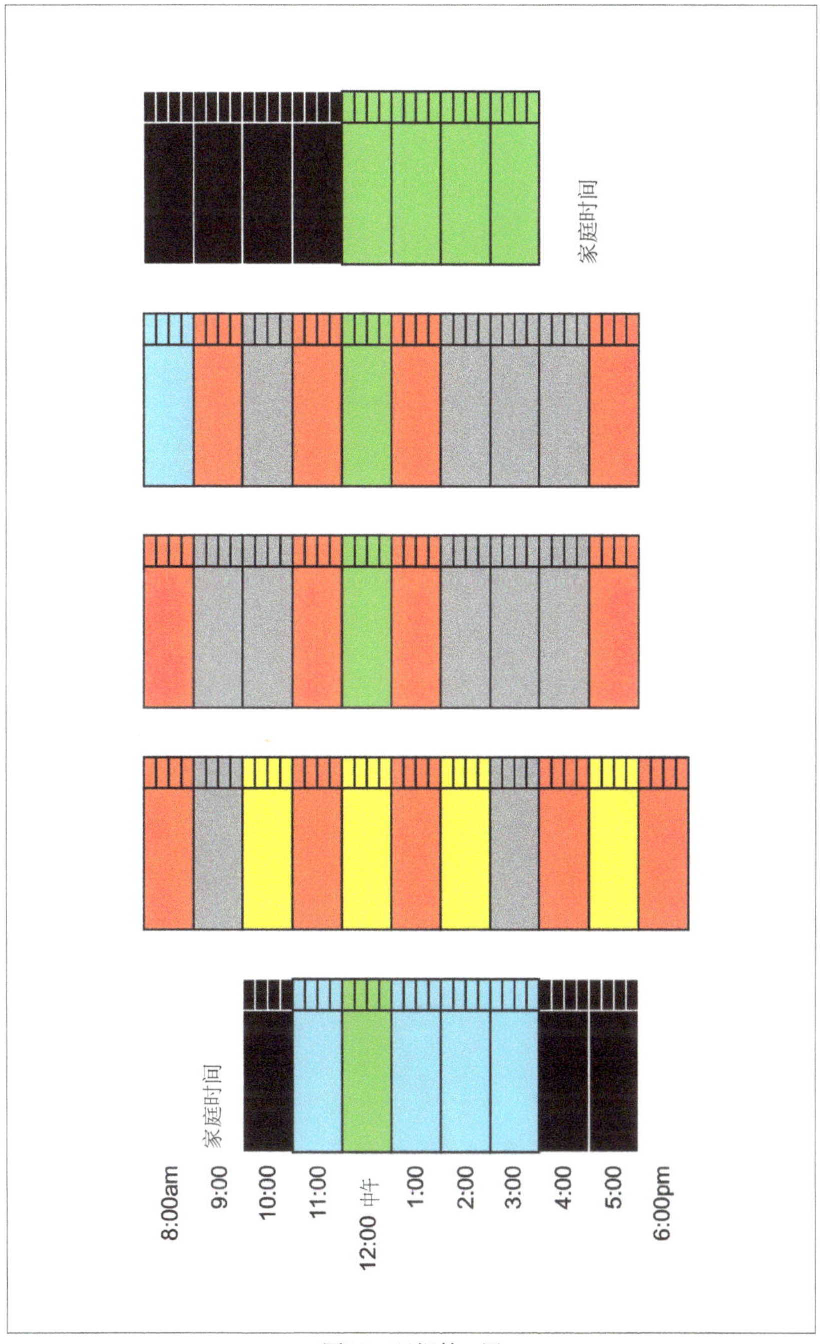

图7.1 - 理想的 - 周

让我们看看图7.2。这是成功计划的核心，是每日的目标系统。这个系统持续记录我们每天的活动。一个令人满意的完成结果可以保证成功。这个系统里还有一个故障安全机制，所以如果发生故障，我们可以立即发现需要改进或者改变的区域。另一方面，我们也能看到哪些部分是有效的，然后加以充分利用。

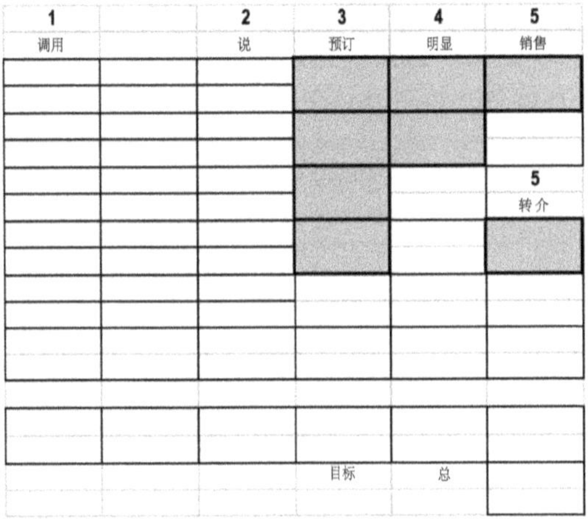

1		2	3	4	5
调用		说	预订	明显	销售

1点=打电话

2分=有意义的对话

3分=预约

4分=保持预约

5分=销售/费用收入

5分=每次推荐

图7.2 - 每日积分系统

所以，这个积分系统怎么用呢？每一天，想要成功实践，达成目标，我们都有很多事情需要做。

在我第一次参加MDRT大会时，我听到这句话："成功或者伟大是由小数字组合而成，多打一个电话，多约一个客户，多给客户讲解一个建议书……"（见附件A-8）

这些都是基础动作，我们从入行第一天就在学这些东西，就像我在第二章中提到的一样。但是我现在要再次确认，然后把这些事情写下来。

这就是"销售闭环"。

复习这个"销售闭环"让我想起那句话"你是否曾经有过一个特别好的销售的想法，你却不再用了？"就是这种情况。这个方法太简单了，我们都曾经使用它，然后我们成功了，就不再用这个方法了！

每一张保单都是从拿起电话开始的。可能是打给一个转介绍客户，可能是广告引导或是其他事情，但是无论是什么，我们都需要拿起电话。即使是在这个电子通讯流行的年代，一旦跟客户建立联系，还是要以声音的形式进一步联系。然后跟准客户通话，并预约见面。我们必须要跟客户见面，进行销售。最后我们需要请客户给推荐介绍，这样就可以开始一个新的销售闭环。

就是这些简单的事情，构筑了我们的专业。但是我们还是要继续做这些简单的事情，不管是第一天入职的新人，还是25年行业经验的资深顾问。不管科技如何进步，联系客户的方式、理念依然适用。如果我们不遵循销售闭环的顺序，一步一步往前走，那我们的收入就会慢慢枯竭。

销售闭环的每一个阶段都会在网格上出现，每一个阶段都有一个分值。难度越大的项目，完成之后得分越高。为了保证成功，我们需要每天都达到一个分值。

奖励分值如下：

1分 - 每次拨出一个电话，不管是否接通；

2分 - 每一次打通电话，跟客户或者准客户有交流；

3分 - 每约到一个客户；

4分 - 每次跟客户或者准客户见面；

5分 - 每次成交或者拿到一个转介绍

在成功计划里，这个神奇的数字是74分。换句话说，要保证成功，每天必须要拿到74分。

如果我们想保证成功，那我们要保证每天拿到74分。

我不知道为什么，但是就是74分。我曾尝试过50分，但是不够；我也试过100分，又太多了。我建议如下规划：

每 - 次成交5分；

每 - 个转介绍5分；

见三个客户12分；

约到四个客户12分；跟10个客户或者准客户电话沟通20分；

打20个电话20分；

当然还有很多很多中组合方式可以拿到74分。然而，只要我们做了，74分就会有效果。

这一切都始于销售闭环的开始。如果我们完全没有准客户，我们就要拿起黄页电话簿或者买名单来开始打电话。我们也许需要打50个电话才能拿到74分，但是我们就开始奔跑了。电话打得越来越熟练，我们不需要打那么多电话，说那么多话，分数会累计得更快。一旦电话打给了对的人，就容易约到见面。

每完成一个行动，就画个勾来标记。如果我们达到目标，在每一列的底部的空白记录行动。

如果我们跟对的人说对的事情，那么我们大部分跟客户的约见都是应该发生的事情。我假定在面对准客户的时候，大部分的读者都知道该说什么（如果你不知道，那么跟你公司里让你尊敬的顾问和代理人寻求建议，或者参加本地的研讨会，参加MDRT大会，在那里去请教你遇到的人），这会转换成业绩或是更高的得分。成交之后，准客户变成客户。客户应该不会拒绝给转介绍，所以，又一次开始销售闭环。

我大部分的业绩都来自客户转介绍或者工作上有联系的朋友的转介绍，通过这样的方式我积累我的得分。但是如果我不联系他们，不跟他们沟通，给他们一个无法拒绝见我的理由，见到他们并给他们展示我可以给他们的人生创造价值并最后成交，我的销售闭环就无法继续。每一次，我都需要获取更多转介绍。

如果你使用上面的建议，那你每天获得74分需要的时间不超过5.5个小时：

30分钟打电话；

一小时跟10个人沟通；

4个小时跟两个客户见面；

剩下的时间留给自己或是行政工作；

通过把积分系统、每天的工作日志和时间分析结合使用，我们就把保证每天成功的系统呈现在一张纸上。这张纸应该在桌子上正对我们的位置张贴，这样就可以提醒我们朝着每日的目标努力。

图7.3是一个空白的示例，图7.4是一个完成的示例。看看这些分数从底部一点点累计起来，反映了这一天的活动。随着每一天约定和任务的完成，表格底部的空格被一个个涂色，是每个颜色的活动需要的时间。

在面前准备一批空白的计划表，每一张上都写着日期。我一直用的是12周一本的计划表，这样就可以让我提前三个月规划自己的时间。为了方便使用，我在复印机上把它放大到桌子上笔记本的尺寸。

即便我的电脑屏幕上就显示着我的工作日志，桌面上、手持设备和手机上都有工作日志，我还是保持着用纸质日志记录的习惯。没有wifi信号或者电脑系统崩溃的时候，也不能阻止我达成目标！

与这个一页纸的成功计划一起配合使用的还有一个目标规划和分析工具。这样我们就可以对关键的业务数据进行追踪，比如第一次面谈的数量、成交率、一年产能目标的完成进度、目前的件均佣金、时薪等等。

在过去几年里，出现过各种成功的业务追踪和分析系统，每一个都各有优劣。有的比我这个成功计划用的数据多，有的用的少。更多的数据可能会带来更深入的洞察，但是也可能因为信息过载导致混乱。而信息太少帮不到任何人。

我建议刚刚进入财务服务领域的新人记录跟客户见面的数字、客户取消见面的数字以及跟产品及销售相关的数字。这是很好的业务动作。这会帮助你更快看到自己将要面临的挑战。比如，如果你约到了客户，也见面沟通了，但是销售数据并不如你所期待，那你就要去参加技术和销售培训了。你可能还会发现转介绍也没有如期而至。关于销售闭环的另一个真相是：你要按照正确的路径、正确的顺序进行，这样无论在哪一个环节停下了，都还可以继续进行完成这个销售闭环。没有捷径可走。在你开启一项新事业的时候，了解你的概率非常重要。在美国，很多代理公司著名的"单卡"系统（见附录A-9）测算出打10个电话可以约到3个客户见面，其中会有一个成交。所以想要成交四个客户，用最基础的算数来算的话，我们需要打40个电话。

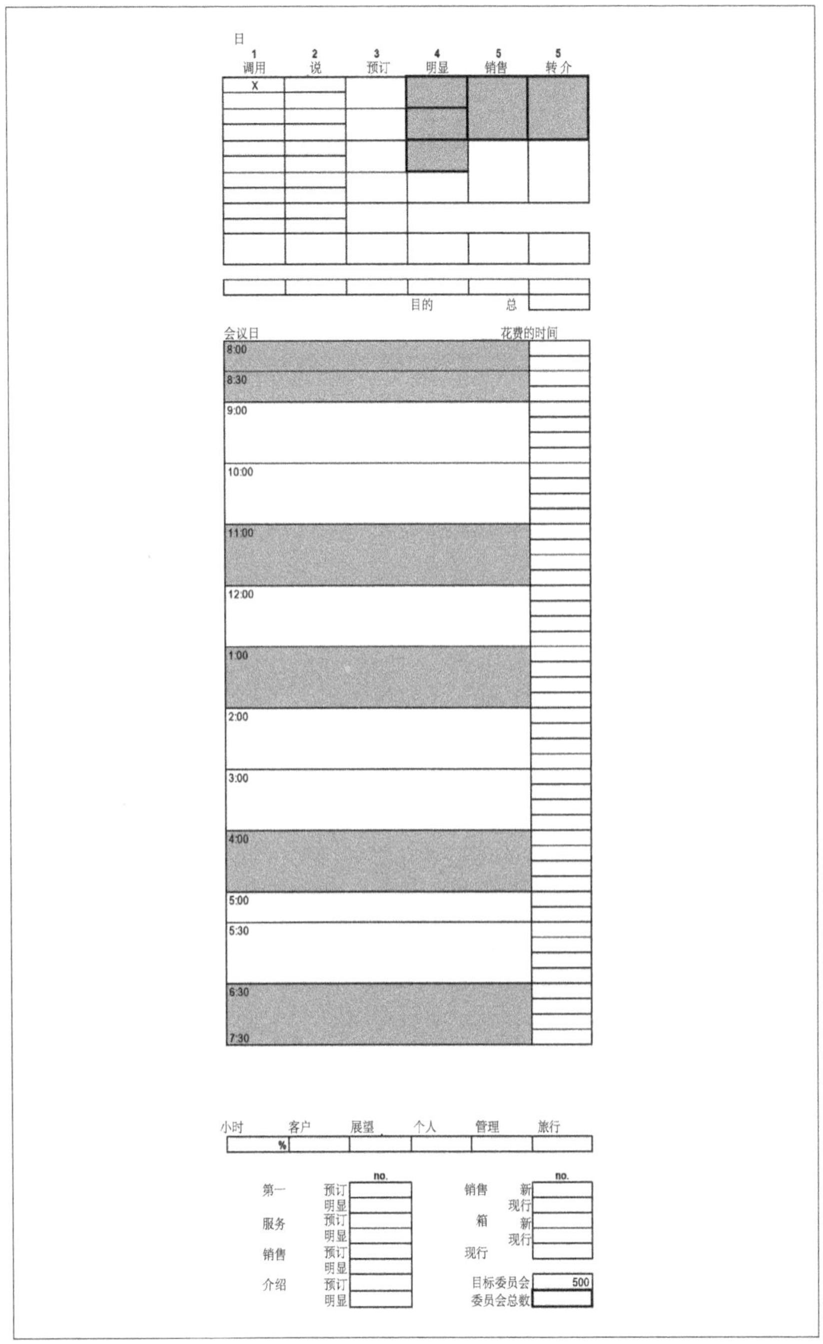

图7.3 - 成功计划者空白

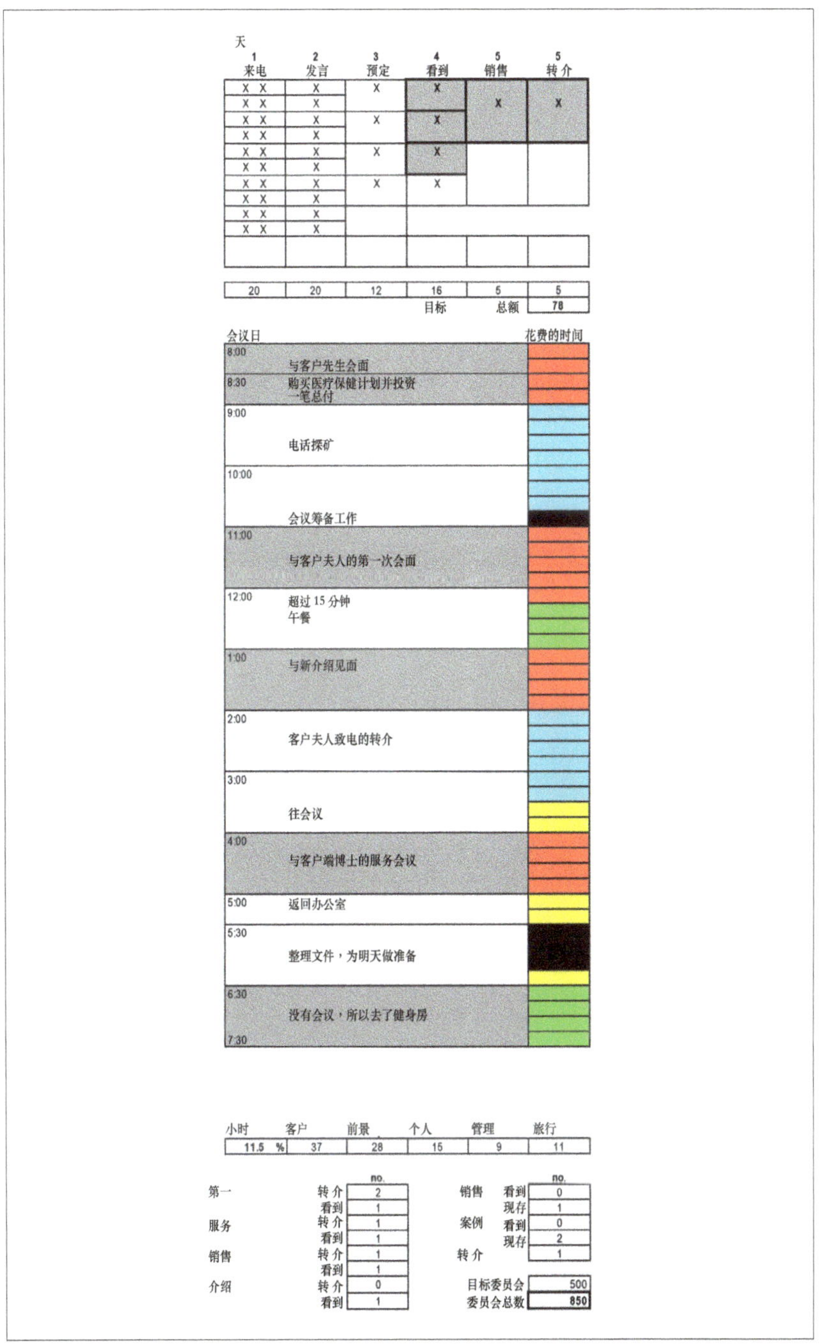

图7.3 - 成功计划者已完成

曾经，我打电话的时候感觉很舒服，也很自信，就像我在演讲时展现的那样。我发现我打三个电话，就有两个成功，成功率2/3（或者66%）。我预约三个准客户，会有两个准客户出现。另外，在每三个出现的准客户中，有两个会变成客户。以我打电话的概率来看，五个电话约到两个准客户，我知道我打23个电话可以成交四个客户。

那时候，在开始一个销售闭环时，拿起电话，我知道需要打23个电话可以达成目标。现在更多时候，我打四五个电话就可以成交四个客户。但是如果没有那个时候的练习，我不会达到今天的成交率。而如果我没有做数据追踪的话，我也不知道我是在进步还是在退步。当时，看到我的成交率下降是促使我不断前进的关进因素之一。同样，数据追踪也向我证明我在不断进步，因为我也看到我的成交率在上升，我知道我是善于做这个工作的。

对很多资深顾问来说，客户放鸽子或者"促单"失败的概率都很小。这并不是说很少有客户因为真有事情而不出现，就没有必要追踪数据。这个道理也同样适用于打电话。资深的顾问可能会到达一个阶段，就是几乎所有的电话都会约到客户见面，所以让追踪数据、分析数据看起来没有必要。为什么要多做没有必要的工作呢？

在成功计划上，每一天的基础是在记录你的活动量和产能（回看图7.3和7.4）.对于资深顾问来说，这些活动量就是跟客户见几次面，分别是第一次见面、提供服务、销售和转介绍。销售工作的记录体现为成交的数量、来自老客户还是新客户。每次获得转介绍的数量也被记录下来，因为转介绍是带来每天实际的产能，达成每天目标的基础。

另外，新顾问需要记录约到准客户的数量，向上面一样分几次——第一次见面、服务、销售和转介绍。这样可以帮助新顾问追踪电话约访成功率的变化，成交率如何。如果一个新顾问约到很多客户见面，然而这些都是老客户或是之前认识的朋友，很可能在某一个节点他的成交率会下降，因为这些客户的购买能力也在慢慢减弱。所以这个新顾问需要约访更多新客户，不管是通过打陌生电话、市场开拓还是用我们推荐的方法——获得转介绍。

每一周，都要对这些数据进行汇总分析，同时也要对在不同颜色区域花的时间进行统计（红色—与客户面对面沟通；蓝色——整理准客户名单；绿色——个人时间或陪伴家人的时间；黄色——路上的时间、黑色——行政工作的时间）每四周（我们的"月"）把这些数据转存到专门的电子表格里。

从图7.5展示的几个月的记录里，你可以看到我追踪的活动量数字就是上面提到的这些，也就是用于销售的天数，用于行政工作的天数和休息的天数。因为我的"月"是按四周来计算，所以这些数字加起来就是28天。这里跟客户的会面都是直接从成功计划的主页拿过来，然后分成第一次见面、服务、促单和获得转介绍。

新顾问可能希望以同样的方式来记录电话约访的数量，这样就追踪到电话约访到客户见面的转化率。成交量（或者投保申请量）在转介绍数量的旁边。总产能也被分开，分别是新客户和老客户的成交数量。总工作时长被分成面对面沟通的时间、开拓准客户（说明会）的时间、个人时间、花在路上的时间和行政工作的时间（记住用不同颜色区分）最后，计算每个小时赚到多少英镑。这是关键数字。如果我们都不知道自己真正的价值，我们怎么跟客户收取合理的费用，甚至如何知道自己是否盈利呢？想要根据实际情况，更新计算目标时薪的记忆，请重读第五章。

然后，把成功计划主页上的产能数字转存到第二张电子表格上（表7.5下面的网格）想要写下来、发布的数字用（见表7.6）曲线图的形式绘制出来。注意，因为一些我们无法控制的情况，业绩会略有下降，写下来和发布出来的目标会有些许不同。然后要对这些数字进行分析，以提供一个不断变化的件均规模。对于衡量业务进度来说，件均规模也很重要，尽管有些顾问喜欢通过估算一年的平均收入而不是单个客户的保费规模来决定是否接受一个新的客户。我会参考两个数字。因为我认为一个客户带来的平均收入告诉我们是否要继续给他们提供服务，而件均保费对于我们规划进行中的工作时非常重要（见第九章）。

活动

生产力	日 销售	管理	调用 提供	调用	预订 第一	服务	销售	介绍	总	明显 第一	服务	销售	介绍	总	例	转介	生产力 新	现存	总	小时	% 客户	客户	个人	管理	旅行	£/hr
1	12	9	7	80	21	16	21	6	64	14	12	18	4	48	21	15	4600	5900	10500	220	40	20	10	20	10	48
2	14	8	6	93	18	12	20	4	54	13	10	13	3	39	18	12	5800	5200	11000	180	45	15	10	20	10	61
3	10	10	8	102	24	28	22	4	78	18	20	16	4	58	20	10	6800	8200	15000	190	55	10	5	15	15	79
4	13	9	6	50	14	12	16	2	44	12	12	16	2	42	26	8	21000	9000	30000	210	70	10	5	5	10	143
5	6	8	14	32	10	5	5	1	21	8	5	5	1	19	8	2	1000	4000	5000	96	35	10	40	10	5	52
6	…	…	…	…	…	…	…	…	…	…	…	…	…	…	…	…	…	…	…	…	…	…	…	…	…	…
7																										
⋮																										
13																										
总	…	…	…	…	…	…	…	…	…	…	…	…	…	…	…	…	…	…	…	…	…	…	…	…	…	…

生产力	例 新	现存	总	年至今	总产量 销售	现存	总	年至今	目标GB 总量	方差	发出	年至今	目标GB 净	方差	平均案例
1	9	12	21	21	4600	5900	10500	10500	8,500	2000	8,000	8000	7,700	300	500
2	10	8	18	39	6000	5000	11000	21500	17,000	4500	7,500	15500	15,400	100	611
3	11	9	20	59	9000	6000	15000	36500	25,500	11000	22,500	38000	23,100	14,900	750
4	18	8	26	85	18000	12000	30000	66500	34,000	32500	5,500	43500	30,800	12,700	1154
5	3	5	8	93	1500	3500	5000	71500	42,500	29000	12,000	55500	38,500	17,000	625
6									51,000				46,200		
7									59,500				53,900		
8									68,000				61,600		
9									76,500				69,300		
10									85,000				77,000		
11									93,500				84,700		
12									102,000				92,400		
13									110,500				100,100		

表7.5 - 活动量

最后，这些月度（一个"月"是四周——记住这样算一年有13个"月"）数字会插入"顶尖20"（表7.7），展示最好的表现，避免无所谓或知足，保证持续进行的活动。就好像对于流行歌手一样，看到最近一个月排名"直线上升到第一名"感觉很好。如果你业绩最佳的十个月都是几年前的事了，那你的业绩不可能提升，盈利也不可能增加。

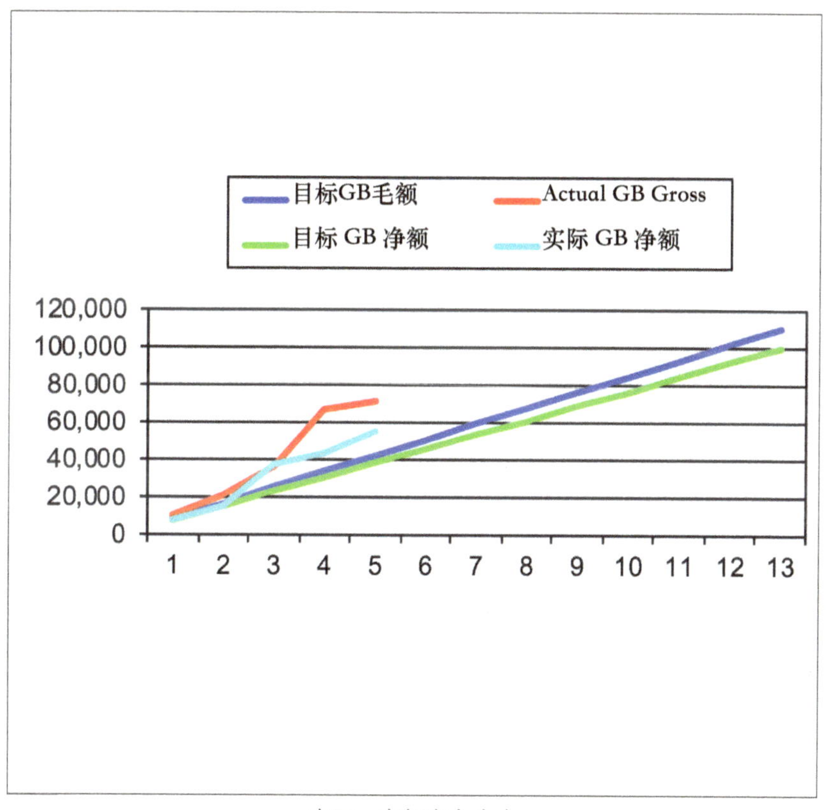

表7.6 - 本年迄今为止

月份	写	例	平均
十二月 00	56,480	33	1712
八月 01	40,735	22	1852
三月 00	33,459	25	1338
八月 98	31,778	32	993
三月 99	23,859	22	1085
三月 00	23,693	21	1128
六月 01	21,308	18	1184
二月 00	19,746	14	1410
五月 98	19,438	19	1023
五月 01	18,482	17	1087
四月 00	17,035	11	1549
二月 99	15,214	16	951
十一月 98	14,325	19	754
二月 98	14,317	15	954
九月 00	14,131	10	1413
三月 97	14,125	33	428
十一月 99	13,034	20	652
四月 98	12,714	9	1413
六月 98	11,829	6	1972
九月 98	11,537	15	769

表7.7 - 业绩最好的20个月

我还有记录业务总账的习惯。过去的几年里，我都是用一个旧的红色笔记本来记录，现在也都用电脑记录了。为了保持一致，这个电子表格的名字也叫"红色笔记本"！这本业务总账（见图7.8）记录了所有我个人需要的数据，但是同时具有双重目的——提供合规、培训和能力评价所需要的重要关键绩效指标（KPIs）。

日期 ▼	客户 ▼	公司 ▼	公司 ▼	▼	奖赏 ▼	M/A/S ▼	总量 ▼	命运日期 ▼	提交 ▼	▼	地位 ▼	保单编号
……		……	……									
27-Jun-00	F Bloggs	IG	Scot Eq	PMI	9.21	M	191.77	8-Jun-00	1-Jul-00		生效	123d
30-Jun-00	N Normal	AC	Standard Life	PP	83.33	M	715.78	8-Jun-00	3-Jul-00		生效	abd4
30-Jun-00	N Normal	IG	Fidelity	ISA	65.00	M	0.00	8-Jun-00	3-Jul-00	907.55	生效	x45t
3-Jul-00	K Smith	IG	Fidelity	ISA	7000.00	A	210.00	29-Jun-00	5-Jul-00		生效	5th7
3-Jul-00	M Reddell	AC	Fidelity	ISA	350.00	M	10.50	29-Jun-00	5-Jul-00		生效	hjk9
3-Jul-00	V Williams	HJ	Fidelity	ISA	1000.00	S	30.00	24-Jun-00	5-Jul-00		生效	00x2
6-Jul-00	V Williams	HJ	Fidelity	ISA	350.00	M	10.50	24-Jun-00	7-Jul-00		生效	123-876
9-Jul-00	R Camderw ell	IG	Fidelity	ISA	5000.00	S	150.00	19-Jun-00	10-Jul-00		生效	345-gft
12-Jul-00	R Camderw ell	IG	Norw ich Union	Bond	20000.00	S	600.00	19-Jun-00	17-Jul-00		生效	345r
12-Jul-00	O Tipper	AC	Fidelity	U/T	68.00	M	2.00	27-Jun-00	17-Jul-00		生效	fgt432
15-Jul-00	O Tipper	IG	Norw ich Union	PP	85.90	A	737.86	27-Jun-00	17-Jul-00		生效	456hdg
15-Jul-00	N Portman	MR	Standard Life	PP	192.31	M	1710.89	28-Jun-00	17-Jul-00		失效	345sdf
17-Jul-00	S Bayliss	IG	Norw ich Union	IHT	201.60	M	1731.69	13-Jul-00	17-Jul-00		失效	345-yu
17-Jul-00	S Bayliss	IG	Norw ich Union	IHT	887.50	S	49.70	13-Jul-00	17-Jul-00		生效	45fg
20-Jul-00	S Jones	IG	Norw ich Union	PP	90.00	M	776.44	30-Jun-00	21-Jul-00		生效	45gh-uuy
21-Jul-00	A Samson	AC	Skandia	Bond	30000.00	S	900.76	19-Jul-00	21-Jul-00		生效	ew rt54
21-Jul-00	A Samson	AC	Skandia	U/T	500.00	M	15.00	19-Jul-00	21-Jul-00		生效	c876-0
21-Jul-00	D Glover	MR	Skandia	U/T	200.00	M	6.00	7-Jul-00	21-Jul-00	6941.34	生效	vsg344
2-Aug-00	C Appleyard	AC	Scot Widow s	PP	189.10	M	1624.35	28-Jul-00	2-Aug-00		生效	4r554r
2-Aug-00	B Little	HJ	Framlington	ISA	7000.00	S	210.00	1-Aug-00	2-Aug-00		生效	4355gs
2-Aug-00	J Long	MR	Skandia	ISA	7000.00	S	210.00	1-Aug-00	2-Aug-00		生效	897g5
2-Aug-00	V Williams	AC	Norw ich Union	ISA	7000.00	S	210.00	1-Aug-00	2-Aug-00		生效	879er
2-Aug-00	V Williams	AC	Axa Sun Life	Bond	33200.00	S	996.00	1-Aug-00	2-Aug-00		生效	132fg
2-Aug-00	V Williams	AC	Norw ich Union	Bond	100000.00	S	3000.00	1-Aug-00	2-Aug-00		生效	3124ghj
3-Aug-00	R Bishop	IG	Scot Life	PMI	206.53	M	3216.62	13-Jun-00	3-Aug-00		生效	45bng
3-Aug-00	R Bishop	IG	Scot Life	PHI	41.99	M	615.18	14-Jun-00	4-Aug-00		生效	56ghj
……		……	……							……	……	

表7.8 - 红色日记本销售总账

表中项目包括：

- 用于通讯的特殊案例参考；

- 文字工作的完成日期；

- 客户的名字；

- 顾问的名字；

- 公司的名字（如果你只为一家公司工作，可以忽略此项）；

- 产品名称；

- 保费金额和缴费频率；

- 产生的佣金或者酬金；

- 签投保书的日期；

- 提交保险公司、投资机构的时间、保单状态；

- 保单号码、印发时间；

每一栏都采用这样的标准模板，这样搜索和分析的时候就会快速且容易。例如，个人养老金通常会写成"PP"。所有的员工都知道这种写法，如果不同的人有不同的写法（例如P.P.P，或 PersPen而不是PP），那么就无法进行分析。对日期的记录，可以帮助你追踪一个案例的行政流程需要多久，这个信息对确认员工培训需求有用，或者保险公司需要多久来处理日常的文书工作，这个信息对给客户提供建议有用。

因为你搜索、分类信息很容易，所以总结一种产品给你带来多少的收入，或找出10个给你带来最多收入的客户就很容易了。这些事实和更多其他事实对今天的顾问来说是无价的。由于经济力量的变化，一个顾问想要佣金慢慢降低的现代环境中获得成功，就必须保有对盈利能力的觉察。

复杂而昂贵的计算机程序可以帮你做以上的一切工作。我从一张格子纸开始，现在使用在大多数电脑上流行的简单的电子表格。所有的分析计算都是通过程序上的"帮助文件"得出的。这不是火箭科学，但基本的数学知识是需要的，尽管有些人会说这是做财务顾问的先决条件！

在这本书的前面章节，我们已经学会计算目标。通过把一页纸的成功计划、每月分析表和目标结合使用，我们现在拥有一个完整的行动计划。这个计划可以保证每一天的成功。我们知道有多少天可以工作，每天需要做什么，和每天产出什么才能达到年度目标。没有任何借口可以不达到目标。可能会有些正当的理由，比如"我生病了"，但是没有借口。如果你没有达到目标，或者达到你定义的成功，你明白为什么——从不打电话到不要求转介绍，从见不到足够的人到花太多时间做行政工作。重要的是，如果我们确定了未能达到目标的原因，我们也可以通过本书提供的工具从经验中学习。如果我们从经验中学习，那就不是失败。唯一可能失败的时候，是我们放弃的时候。

我们的预约或空白时间档就在眼前。分析页提醒我们未来要经历的高峰或低谷，确保我们可以取得成功。每天的目标74分确定每天活动的一致性。这往往是我们许多人面临的巨大挑战。

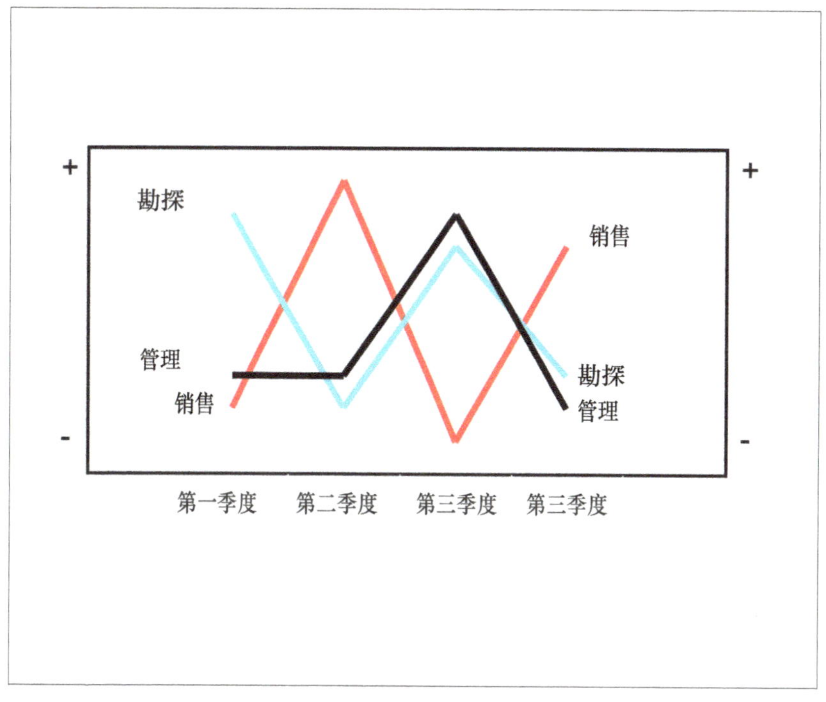

表7.9 - 任务图

经过一段时间的开发准客户，我们创造了大量的业绩和许多钱。但是在这些销售工作之后，我们不得不做大量的行政工作。在我们知道之前，我们已经有一个星期没有开发准客户，工作日志也是空的。回到"手机上填写日记，但现在我们的行政工作落后了(见表7.9)。正如我们之前所讨论的，在业务工作中，我们很容易被困，忘记目标，发现自己销售滞后、开拓准客户滞后、行政工作滞后，甚至所有这些工作都滞后！

如果我们没有成功，按照我们的标准，我们可以找出原因并加以补救。积分系统不仅是一个令人难以置信的目标设定工具，告诉我们需要做什么才能成功，它也是一个惊人的分析工具，可以告诉我们什么是对的，什么是错的。

积分系统让我们每天都专注于我们需要做什么，当我们看到某个领域的分数下降时，我们就知道在什么地方采取补救行动，以免为时已晚。这一点在前面的章节中已经简单提到过了，现在来总结一下：

例如：

如果我们打了20个电话却没有能和10个人沟通，那我们可能是打给了错的人，或者是在错误的时间打了电话，或者两者都有。牙科诊所开门工作的时候，给牙医打电话是没有用的，因为他们很忙。等手术结束了再打。

如果我们和10个人沟通，但没有预约四个人见面，那是我们就说错了话。所以考虑参加一个课程或进行发音指导。想出一两句话，让潜在客户感兴趣。这本书里有很多销售的想法。只要选择一个，学会它并且去实践就够了。找出与你的专业领域相匹配的潜在客户，找出给他打电话的原因。例如，向律师介绍遗产规划，向会计师介绍税收减免，而不是给律师介绍税收减免，给会计师介绍遗产规划。

如果我们约了四个客户，见到两个：

• 我们没有跟潜在客户确认见面，或是没有给潜在客户一个充分的理由让他出现；

如果我们见到两个潜在客户，却没有一个人签单：

• 我们可能需要销售培训，增加专业知识，或是提升促单的能力；

如果我们拿不到转介绍：

• 我们可能根本就没有问，或者没有给客户提供高标准的服务；

分析还可以继续进行下去。我们可能会注意到，我们擅长销售和获得推荐介绍，但要打很多电话才能约到一次潜在客户会面。那样的话，可以考虑把约见潜在客户面委托给一位专业人士。一旦我们开始使用成功计划，我们就会找到其他方式让它适应我们的工作方式。

总之，我们应该花一整天的时间，在不被打扰的情况下，制定出我们自己的成功计划。

从以下问题开始：

• 我们想赚多少钱？（目标）：

• 我们想用多长时间赚到这些钱？（工作天数和每日产出）

• 然后计算件均规模和成交率，决定我们需要见多少个客户；

• 在成功计划里，设定目标，同时也设定跟家人相处的时间目标；

• 告知客户你新的工作方式，并告诉客户对他们有什么好处；

• 每天记录追踪自己的活动，以15分钟为单位来分配时间（或者为了方便以6分钟为单位）每天结束的时候、每周结束的时候进行总结；

• 确保你每天都能达到74分；

• 利用成功计划的概念提升不同颜色领域：

红色 - 与客户面对面沟通的时间

约客户到你的会议室见面

见面之前发实情调查问卷给客户

蓝色 - 整理准客户名单的时间（转介绍）

使用转介绍的五个概念向你最好的五个客户要转介绍

将机会拼图发送给合格的企业客户

• 黄色 - 路上的时间

在家里或是找一个附近的办公场所工作

按照区域安排工作（星期二=市中心，等）

• 绿色 - 个人时间或陪伴家人的时间

在工作日志预约，并优先考虑

• 黑色 - 行政工作的时间

把一小时价值10英镑的工作分配出去，聚焦一小时260英镑的工作。

你需要使用至少四周成功计划，以获得最大的利益，并向自己证明它确实有效。这意味着你必须付出一点努力，没有人说这个工作容易。

12周后，你将看到一个难以置信的差异，如果我自己的经验值得参考的话，在一年内或更短的时间内，你的收入会翻倍，而你的工作时间至少减少25%。

这是一个古老的短语，但很好。"没有人会计划失败，失败的人只是败在没有计划。"这个方法对我很有效。我知道，如果你承诺去执行它，并坚持到底，那么成功计划对你来说也会很有效，不管你对成功的定义是什么。

将机会拼图发送给合格的企业客户

• 黄色 - 路上的时间

在家里或是找一个附近的办公场所工作

按照区域安排工作（星期二=市中心，等）

第三节
SECTION 3

引起争议和讨论。长期以来，佣金一直是寿险和理财行业的主要收入方式。有些人认为应该保持现状，也有些人认为提供收费咨询是寿险行业生存的唯一途径。本章并不是要试图解决这个问题。这一章将告诉你如何收费，至于你是否在你的实践中全部或部分采用它，这不是问题。

在许多国家，比如我所在的英国，佣金几乎已被废除。我不是说在你所在的地方会发生这种事，但有可能。监管和媒体的压力常常意味着它最终会到来。作为一名顾问，我认为最好做好准备，以防万一。

如果到目前为止，你都在使用这个成功计划，你应该知道你今年的费用(第四章)和个人生产目标以及你的时薪(第五章)。如果你的费用是每年36000英镑，个人产能目标是100000英镑，你打算工作200天x10小时，你的最低费用是18英镑/小时。要达到目标并盈利，你可以收取50英镑/小时。

然而，你不可能每一小时时间都收费。许多律师事务所希望他们的收费律师每年收费1200小时，比上面的2000小时要少得多。以一年工作200天为例，每天有6个小时要向客户收费。

如果我们将此作为一个更现实的目标，而不是100%的时间都收费，那么客户每小时支付的费用将大幅增加。为了收支平衡，每小时收费30英镑，如果要达到收入目标，每小时应收取84英镑。基于我们不想工作超过200天 x 10个小时/天，如果你的年度收入目标更高，唯一的选择是提高收费。如以20万英为收入目标，需要每小时收费168英镑。

我们必须认真规划记录时间。我们应该向我们的同行的专家学习，向律师和会计师学习，做一个每日时间安排表。

为了达到这个目标，我们只需要简单地把我们的工作日志按照月、星期、天、小时、然后是六分钟来划分。我们中的许多人可能已经有了这样的工作日志，这很好！如果你还没有类似的工作日志，请使用下面图8.1的格式。

我们可以看到时间被分成了六分钟的片段。这并不意味着我们必须每六分钟停止工作，但六分钟这个时间单位，用来完成一个小任务是很好的。每小时有十

表8.1 - 时间表

个六分钟，这样算客户账单时，计算很容易！

"客户"这个标题不言自明，但也可以用于记录其他事情，比如区分为企业老板提供个人服务和为他的公司提供服务。

当我们为客户开具发票的时候，标题为"注释"的主要部分将提供宝贵的帮助。因为对于所有已完成的工作，我们都要保持准确的记录日志。在我们生活的这个社会，诉讼的发生比以往更多。如果发生纠纷，那么诸如此类的详细记录就会是我们最大的财富。

如果哪段时间是可收费的，则应在最后一栏打勾。

我建议我们将时间表整天摆在我们面前，每天我们完成一项任务时，比如处理完客户文件或是打完一通电话，就更新一下。

通过以下方式，可以将时间表轻松地合并到成功计划中。只需将完成的任务记录到主框中，然后把时间由15分钟改为6分钟。如果需要收费的话，然后在彩色格子后面画勾。

我并不是建议我们每一秒钟都向客户收费，或者每次有人打来电话时都要开始计时。但是通过填写时间表，我们可以清楚地看到我们在某一个客户的业务上花了多长时间。我们如何使用这些信息取决于我们自己，例如，是否在我们"保留"给人寿保险公司的时间向客户收取费用是我们的决定。

我坚信，完成这份工作表后，我们将开始更加珍惜时间，并觉察到什么时间我们在做更适合低收入人群的工作。

另一个副产品是，随着时间的推移，我们将更多的时间花在每小时260英镑的区域（以成功计划的术语，红色）上，而不是每小时10英镑的区域（黑色）上，工作表是向我们证明需要更多员工的好方法。 这表明通过雇用他人并明智地委派工作，我们的营业额和利润将会增加。

对于某些顾问而言，收取费用可能被视为是消极举措。但是，与所有事物一样，变化可以带来机会，因此收费应被视为积极举措。我们如何做到这一点？为什么不在收费这件事上获得更多推荐介绍？出示最终发票时，请在底部留出一定的折扣空间。每次推荐都使客户有资格获得折扣，比如说100英镑。确保你仍然在使用第六章中列出的所有寻求推荐介绍的规则，例如具有质量阈值的资格预审，但这是另一个三赢的方案。哪位客户不想通过帮助你最大程度地减少你的营销工作，从而帮助你最大化帮他处理事务的时间呢？特别是这样做可以帮他们省钱的时候？他们少花钱，我们获得了更多优质的推荐介绍，新客户也受益于我们优质的服务。当然，折扣仅在转介绍成为客户时生效。老客户可以选择以支票或其他方式退款，或者将折扣用于他们的下一次结账。

我相信，通过更多了解我们每个小时的真实价值，我们的盈利会增加，最终能够为我们的客户提供更好的服务。

工作进度列表

首先要有工作进度列表（请参看表9.1）。 这是第七章中提到的，它是你的预警系统。它应该列出你知道的每一项潜在工作。我的WIP列表中有一列标题为"被叫"，用于记录我何时致电潜在客户/客户，还有一列显示客户的预约时间。即使前两个简单的列也消除了许多顾问的简单问题，我该给谁打电话？如果"被叫列"中有一项业务且有空白你有当天的通话清单（还记得销售闭环的第一阶段？拿起电话）。 然后把客户的名字添加在他们感兴趣的产品和说明部分。

接下来的三列是"前瞻性计划"的关键。如果你确定这个客户会在四个星期内进行交易，则将"费用"或期望的"佣金"金额放入"确定"列中。 应该是这样的情况：除非与客户确定预约，否则金额不可能是确定的。 如果不在工作日志中，销售就不会发生。 有些顾问会说，如果通过邮递文件的方式成交，则可能是这条规

叫	预订	正在进行的工作（WIP 列表）					六月
		名字	明确	或	完成	产品	笔记
			在这个月	6-8周			
5 六月	15 六月	B Hitchins	2000			Stakeholder	IG 做问题和答案
7 六月		E Co Printers Ltd		1000			MR发送信息，做投影
		P Walker		3000		MTA, FIBs, pp	MR将替换表单发送到AK
2 六月	22 六月	P Rirchens	2000			IHT	发送到 GF 14/5 的表格
		R Graphics Ltd		3000		PP & CIC	先生追逐-他发送表格
25 五月	19 六月	O Ogden	1450			CIC, PP transfer	会议已预订
		P Bentall		3000		Investment	
		S Cray		0		Pension Transfer	
31 五月	20 六月	H Hamilton			1770	LTA, FM ISA	KD将贷款传真回给我们
		C Webber		1000		IHT	
1 五月	17 五月	E baddmann		500	500	2 x Life Cover	KD将贷款传真回给我们
21 五月	24 五月	GamesCo plc	250	250		Group bens	发送到MS 07/06的表格
		G Yatter		500		Stakeholder	
11 六月	5 七月 月	M Bedden	100			pp inc, invest	先生发了一封关于会议的电子邮件
		Acme co Ltd		0		Group Bens	
		总	5800	12250	2270		
					8070	完成	
		所有列表总数	20320				
		本月新增	12450				
		列表中的理想总数	23000				
		差距	2680				

图9.1 - 在制品清单

则的例外。 邮政系统让我感到失望，很多客户太节俭，不允许这样做，所以任何"邮递中"的业务都保留在下一列，"也许会成交"！

你预计在接下来的六或八周内要完成的所有工作都应该在下一列。 计划在未来八周以后进行的业务应放在列表的第二页上。因为尽管已进行了规划，但它距离太远，很难确定，并且不太可能影响现金流。 时间适当时，可以将其放在第一页中。 最后一栏是已完成的业务，只有申请已提交的情况下才能在此处输入金额。

我们真的应该在每个月的第一周拿出工作进度列表，给所有客户打电话，然后在"成功计划"工作日志中填补空缺，确定本月的业务。 在第一周，除了已经预定的闭幕会议和前一个月延期下来的业务，几乎所有内容都在"也许"列中。在这个阶段要保持无情，这一点很重要，因为诱惑是增加了很多潜在业务（而且我们所有人都有"潜在"业务的负担），并自欺欺人，说我们有一个美好的未来。 要真正了解我们的业务并对自己诚实，那么我们在这个阶段必须严格。 "潜力"中的大量数字看起来不错，经理觉得很安慰，但如果"潜力"没有转化为实际的成交，只有我们自己的银行余额会遭受损失。

如果我们连续四个星期都能执行这个流程，那么到了月末完成列的数字与第一周末确定的列的数字应该相同。

如果我们坚持执行成功计划，并了解自己的平均水平，并计算了活动率，那么我们在月初的"也许"列中，应该知道我们需要做多少工作才能转化为完成的工作，以支付账单并达到盈利水平。

例如，如果我们的成交率为75％，即跟客户所有的促单见面之后，3/4会成交。如果我们需要8500英镑达到目标，那么实际上，我们的"也许"清单上应该有11333英镑。 如果我们知道件均收入是500英镑，那么我们的清单上至少应该有23个可能成交的客户。这就是为什么那种可怕的疾病——"大单病"常常把我们击倒的原因！

我们的清单上可能有一个6,000英镑的大单，所以我们不需要那么的小单子就可以达到11,333英镑。 然后，平均定律将一如既往地发生作用，大单消失。 突然，我们发现没几个月时间了，然而财务还有很大的缺口。

工作进度列表上的总数对我们也有帮助。第一个是总数，我们已经讨论过了。我发现追踪近四周内的新潜在客户非常有效。这样就避免我们不断去追踪"延期"到这个月的单子。再次提醒，偶尔面对残酷的现实很有必要，它能帮助我们避免陷入所有人都深爱的舒适区！

如果最终的数字显示与我们需要的数字有差距，这样理解：前方将有现金流问题！ 如果差距出现，我们需要在"也许"列中增加名单，并把这些名单转化成确定、完成。

虽然WIP看上去有点吓人，它确实是一个顾问最好的朋友，尤其是当我们每天使用，诚实对待并与第三章讲的机会网格一起使用时。只要我们不对自己撒谎，数字也不会对我们撒谎。WIP列表是我们日常数据统计和长期盈利能力的宝贵的加分项。

工作日程表

跟客户见面的时候，要保持带日程表的习惯。图9.2中有一个示例。 这样很容易显示出你的专业度。同时，它有助于使我们保持正常的工作节奏。 甚至最好的顾问有时也会发现自己在某一个地方注意力被分散，或是偏离了与客户见面的目的。日程表也可以是实现其他目的的有效工具，例如将"推荐介绍"作为结束见面时的一项。 这样的话，我们就没有借口说"下一次见面时我再要转介绍"，而这次就不要！ 它使客户从一开始就知道推荐介绍只是正常业务流程的一部分，就像完成实情调查和"其他任何环节"一样自然。

在跟客户第一次见面的时候认真记下笔记，然后把客户关心的问题，作为第二次见面的日程表的标题。这样不仅可以确保你解决的是客户关心的问题（而不是基于我们模糊的、先入为主的观念，认为他们可能想要的东西，或者用我们的行话跟客户沟通），而且还使整个过程对于客户而言更加容易理解，因为我们使用的是"客户的语言"。 如果客户谈的是舒服的退休生活，就把它当作第二次见面的标题。 例如，日程表第五项，"你的退休解决方案"，而不是日程表第五项，"个人养老金包括国家福利"。

始终将最后一项作为"任何其他业务"或"客户最终反馈"。 这样做不仅显得跟客户说的最后一句话很有礼貌，而且还避免了把推荐介绍作为最后一项。因此更容易让客户将推荐介绍看作一个要处理的项目，而不是让客户害怕的事情。

议程

与 Acme 有限公司和伊恩 · 格林独立资产管理公司的 F 博客会面

2月20日，星期三

- 更新当前位置

  回顾和审查先前的建议

  确认在线基金转换
- 一对一会议上的被动基金报告
- 来自 Acme 有限公司的反馈
- 讨论和确认服务标准

  小组演示文稿

  一对一会议

  加入者 -在一个月后，让我们知道

  所有通过电子邮件进行的通信
- 确认服务时间表

  建议每月2天

  员工教育
- 确认费用协议

  查看单独的订婚电子邮件

  服务计划之外的任何其他费用
- 行动计划

  通知工作人员（新的和现有的）

  接下来呢
- 风险收益审查

  好处和时间安排
- 转 介
- 任何其他业务

表9.2 - 日程表范例

一旦开始使用日程表，就会发现你已经建立了一个图书馆。尽管在开始时需要付出一些努力，很快它们就能成为第二天性，成了习惯。

业务追踪系统

在我职业生涯的一开始，每次跟客户见面之后，我都会留下一个完整的实情调查，几页潦草的笔记，黄色的便笺贴和背面写得乱七八糟的名片。这种半组织性混乱的结果是，我常常忘记了我曾承诺要为客户做的事情（因此立即破坏了四种推荐习惯中的一种），或者我会将一张记录了所有重要实情与数据的纸放到自己找不到的地方。

为了避免这种情况，现在我每次跟客户见面之后，都会有一个完整的追踪记录（请参见图9.3）（请参加附录A-6）。在这个追踪记录顶部会记录顾问、客户、地点、时间等细节，主题分五个部分，每个部分都会有留出记录的空间以及"应将任务委派给谁"。任何即时业务都会记录下来，　确保没有任何工作"落空"。　参数中会列出所需的报价或插图（例如寿命期或条款、基金选择、退休年龄等）。　将来要讨论的业务也会被记录下来，然后将其插入到WIP列表中的相应页面。

最重要的部分标题是"承诺"。在这里，你会记下所有你说过会做的事情。曾经有很多次，客户祝贺我有这个"承诺"这个部分。很明显，看见你的专业顾问在"承诺"标题下写下内容很让人放心。毕竟，把钱交给承诺都写下来的人，谁会感觉不安全呢？（当然，我们会信守承诺！）最后两个部分是针对立即采取的措施，例如"发送养老金授权书"和一个用于备忘的部分。　最后，我们记录下一次见面的日期。　这是另一种简单但有效的方式，可确保你的日记永远不会为空，因为下一次会议将会直接输入成功计划页面。

通过将会议追踪记录与第二次见面的日程表结合起来，你便拥有了一套让客户完全满意的故障保护机制。　客户业务得到快速处理，承诺客户的事都兑现，将来要处理的业务也被区分和跟进。此外，通过将日程表和追踪记录保存在案，它可以提供全面的合规审计跟踪。

<table>
<tr><td>客户 ________________________</td><td>日期 ____________</td><td>年级 ____________</td></tr>
<tr><td>期间 ________________________</td><td>费用/佣金 ______</td><td>销售支持 ______</td></tr>
<tr><td>年度审查日期 ____________</td><td>年终日期 ______</td><td>转 介 ______</td></tr>
</table>

即时业务　　行动由　详

1: ____
2: ____
3: ____

引号

1: ____
2: ____
3: ____

未来业务

1: ____
2: ____
3: ____

承诺

1: ____
2: ____
3: ____
4. ____
5. ____

立即行动

1: ____
2: ____
3: ____

笔记

下次会议日期 ________

图9.1 - 在制品清单

人们常常戏称合规为"业务预防部门"。 不必那样。

合规——或至少它的绝对重要性，一直以来都是顾问的麻烦。我很早就决定将别人认为是消极的东西视为积极的东西。我坐下来，认真研究如何使用合规来产生更多的业务。 研究的最终结果是，我实际上多付钱给我的合规经理，让他做了远远超出监管最低要求的工作。

我的合规经理会做你期望的所有正常的合规工作，但是下面是我设计的将业务妨碍部门转变为业务创造部门的方法。

在处理每一个客户的业务时，任何方面的不足都将被记录下来。 例如，这可能是从完全缺乏现金储备到资金不足的退休，从没有意愿到不信任的人寿保险单。 然后，在每次交易后向客户发送适用性信，记录原因中包括这些项目。从合规的角度来看，这不仅是非常安全的，而且还可以产生更多的业务。通常，客户收到信件的收据时会联系我们，询问某个产品或者服务的报价或者费用。确实，在许多情况下，我们在后续信件中提供了估价。在我们的示例中，这封信通常包含保费估算和缺少的产品的小册子，显示最大养老金计算和增量形式的计算，遗嘱调查表和信托文件。

在客户眼中，我们提供了卓越的客户服务。即使他们不选择我们的任何建议，我们提供了选择，并竭尽所能完成了我们的工作。

合规经理还将记录在实情调查中提到的，我们没有代理的保单，并将发送授权书附带说明，只有获得完整而全面的保单详细信息，才能够提供完整而全面的服务。 我们可通过签名并返回表格收集详细信息，从而节省了客户用于整理信息的时间。我们还可以每年给客户提供所有保单的摘要。

我们为客户提供了填写匿名反馈表的选项，反馈表可以直接返回给合规经理。这样，如果客户认为有任何方面我们可以改善客户服务，合规经理可以通过以下方式反馈给我： 定期总结会议。 持续不断地努力改善客户服务是我们工作中的一个重要部分，尽管我无法证明它增加了销售或增加了客户持续率，但我相信它确实有增加。

当我坐下来写这一节的时候，我想知道我如何能做到在一个章节中，对某一主题的探讨比其他任何书和内容都要更公正。　　所以，我决定不跟别人竞争。相反，你可以在附录中找到进一步阅读地建议。　相反，我决定采用"成功计划"原则，将所有最经典、最有效的信息汇总在一起，从中提取精华，注入到一个易操作的实用工具中。

假设你没有设定目标的经验知识，或者作为基础知识的更新，再次提醒，所有目标都必须根据S.M.A.R.T.原则设定。那就是：具体的、可衡量的、负担得起的、现实的和定时的。　没有这些参数，目标就是梦想或幻想。

我所教的目标设定的格式肯定会引导你用这些参数设定目标。　你需要做的就是出去买自己的目标设定本。　不必花哨，只要足够大，能放下你的描述和实现目标的进度就可以。

打开这个本子，以使双页展开面对你（参见下页图11.1）。　　水平地将一页分为三列。　这些栏的标题应为：

• 下一步

• 所需资金

• 完成日期

在水平拆分页面的顶部，你将粘贴你希望达到的目标，例如你梦想中的房子或新车。如果目标是财务上的，我建议你用一张支票写上金额。如果目标不是物质形式的，不适合用图片来展示，就可能需要一定的深度思考。如果你想减肥，那么也许是以前的美照，或者是你想要的身材的模特的不露面照。如果目标是精神相关的，那么仍然需要更多的思考。可能是多见见远方的朋友或每天打坐。　用对你有意义的图片，可能是朋友的照片或地图的一部分。

如果你想练习冥想，那么一幅安静的房间的图片或一则你想去的冥想课程的广告都可以。　没有严格的规定，只要图片对你有作用就可以。

图9.1 - 在制品清单

在图片下方的空白处写下你对梦想的描述。这是你确定想要的。因为是你确定想要的，所以一个很短的句子或是模糊的描述是不起作用的。不要写"一辆新车"，要调动你的全部感官系统描述这辆车，描述出生动的画面感——品牌、型号、颜色、有什么功能、发动机类型以及你会添加什么样的配置和配饰……也许你还想加上达成目标的意义，达不成目标的感受。这取决于你的目标是什么，你是容易被乐趣（拥有的开心）还是恐惧（得不到的空去）驱动。如果你的目标是减肥，那么你会写："我体重X公斤，我的腰围X厘米，我一周去三次健身房。我只吃有营养的健康食品。我能穿上衣橱里夏天的衣服（开心），我爬楼梯的时候不会上气不接下气（恐惧）"

注意如何以积极的方式写出目标，就好像它已经发生了——"我体重x公斤"，而不是"我想体重x公斤"或"我将减去x公斤"。 以这种方式描述，可以使大脑接受这是可能的并朝着它努力，而不是让大脑认为你有一天会做。

第一页确保目标是S——具体的，因为我们有一张图片和详细说明。

分列的这一页确保目标是M——可衡量的。首先，写下对下一步的描述，它会带着你向目标迈进。如果你的目标是一辆新车，那么第一步就是找一本这辆车的宣传册。这样，只要你想实现目标或是朝着目标迈进，都可以为目标制定即可执行的行动计划。在你情绪低落的时候，这个方法尤其有效。因为毫无疑问，你可以采取快速行动朝着目标迈进，让自己重回正轨。

如果可能的话，最好把目标分解，列出尽可能多的阶段。 这样的话，以汽车为例，可能是购买汽车杂志、订购手册、安排试驾等等。 当然，有些目标只有完成上一步，才能计划下一步。

第二列是要标注每个阶段的成本。汽车的例子中的下一个阶段可能是存入一笔定金以订购汽车。这需要钱，所以在这里列出你有一个前瞻性的计划，可以与成功计划和你的商业计划一起使用的工具，以确保目标是你支付得起的。

最后一列是完成每个阶段的日期。 这给你一个持续推进的目标进度图。 这一栏的另一个功能是设定达成目标的期限。 另外，你也可以将达成目标的截止日期放在页面底部，还是要以肯定的方式写出来。 通过提供截止日期，记录每个阶段的完成日期，你就可以确保目标的时间导向。

现在就剩下R——现实的。但是我是谁呢？我怎么知道别人的目标是不是现实的呢？ 如果你对目标有足够的信心，并且你遵循我给出的步骤，我相信你会达到你期望的结果。 不过要当心，不要为自己设定一个太不现实的目标。 如果你今年94岁，并且一生中从未参加过短跑比赛，那么成为100米奥运会短跑冠军的可能性不大——并非不可能——但绝对是一项艰巨的任务！

最后一个提示。 只与那些跟你一样有抱负的人分享你的目标。 太多次梦想还没有真正开始之前，就被阻拦、被消极的人践踏。 可悲的是，这些消极的人在世界上占大多数。但事实是，如果你遵循本章中的目标设定原则并采取行动（你必须采取行动，因为没有采取行动的目标依然只是个梦想），那么你将实现自己的目标。不要让别人的不恰当的言语和行为阻止你。只选择与支持你的人分享你的目标，你的梦想就会实现。

在你生活中的各个方面，都遵循分解目标、逐步实现目标的原则。 在第五章中，我们研究了将年度目标分解为平均大小的阶段性目标的案例。 为什么不在迈向更大目标的路上设定小目标？ 如果你想减肥，请在各个阶段用新衣服奖励自己，而不要等到最后一刻来惩罚自己。 通过这样做，我们可以帮助自己保持不断进取，而不会有停滞的感觉。 如果在极少数情况下，你确实在某个目标上陷入停顿，那么你可能会觉得它不再是你想要的东西。 然而，你很有可能会回到目标规划书中，并对你写下的下一步采取行动，使你的目标规划重新运行。

90

第四部分
SECTION 4

92

我当了四个月的联合顾问。我做得还不错，在人寿保险公司中层层攀升，管理层也开始注意到我。但实际上没什么特别的。我记得一个下午坐着火车去几英里外拜访一个新的潜在客户，但到了地方却找不到人。我拖着疲倦的身体回到办公室，推掉了一个电话会议。我拿起一个误放在我托盘上的广告。那是一封邀请顾问去参加本地LIA区域会议的信（请参阅附录A）。当我把它交给真正的收件人时，我问我是否可以和他一起去。因为在白跑了一趟没见到客户后，我感到很沮丧。我宁愿做任何事情，也不想打陌生电话了。实际上那个会议的内容看起来也很有趣。我的那位被邀请的同事吼了我几句，说他不会浪费时间去参加会议，特别是跟一个低级别的见习生（后来我发现他之前已经安排好要在楼下的酒吧与杰克·丹尼尔斯先生见面）。我去参加了那个会议，并受到其他与会者的欢迎。

当天的所见所闻让我惊讶。两位演讲者都是财务顾问，他们都非常成功并且把他们的想法理念全部分享，给大家解释如何做到他们做的事情。他们怎么做到的？我办公室里的所有人戒备心都很强，把他们的展业方式和客户文档统统锁起来。

直到今天，我还保留着当时做的笔记。离开的时候，我拿了一张宣传页，第二天就提交了加入那个组织的申请。当我第一份会员月刊到来的时候，我也接到了一通电话，邀请我跟一群演讲者一起参加年度会议。我想，如果是本地的会议已经那么棒，那么全国会议会带给我什么呢？

虽然我当时很穷，我还是给自己定了旅店，买了大会的门票。我早早到了会场，戴上写着我名字的徽章，看着越来越多的人挤满注册大厅。看上去我是唯一一个独自来参会的人。每一个人都在跟老朋友聊天，或是加入聊天的人群，认识新的朋友。最后，我决定要迈出第一步。于是我在会场最后一排的空椅子上，一位先生的旁边坐下。

当他转过身来面对我的时候，他佩戴的徽章和绶带（如果你参加过类似的大会，你就知道我说的是什么）几乎把我的眼珠子惊得掉出来了。

原来，我在不知情的情况下，结识了该协会的前任主席和一位行业中最受尊敬的会员。 我的天真让他笑到颤抖。过了一会儿，他忍住笑，抹去笑出的眼泪。他从繁忙的日程安排中抽出时间，给我介绍会议的安排，让我知道对会议的期望应该是什么。他建议我继续随机接触陌生人，去请教他们最好的销售思路。他向我保证，我问的每个人都会很高兴帮助我——他是对的。在我开始收集销售的想法之前，他给我演示了一个方法，这个方法我至今仍在使用。 他还答应我，如果我晚上见到他，他会向我介绍一个跟他关系非常好的朋友，这个朋友也将会帮助我。

那天发生的事情使我震惊。我听了技术演讲，学到了肢体语言、听力练习管理技巧、目标设定以及主会场的故事——关于克服一切困难，彰显巨大勇气取得胜利的故事。 会议结束后，我仍然很兴奋，去了预先安排的聚会地点。 在聚会上，我被介绍给一位同样在伦敦的、成功的独立财务顾问。通常情况下，这是快速的社交介绍。而事实上，一个漫长的夜晚之后，这次介绍开启了我职业生涯的新篇章。

在我讲这个故事之前，要从以上学到的是什么使这个职业如此精彩和特别。

抽出时间继续接受教育。这不是支出，而是对表现最好的资产——"你"的投资。

除非你已学过所有知识，否则请继续参加你当地的区域协会会议。 如果以前去过，为什么要停下来？ 再试一次。像那里的人和演讲者一样思考。 组织这些活动的人，以这个行业为生。他们都希望以某种形式回馈给这个行业。他们用自己的时间提供免费服务，以他们曾经被帮助的方式去帮助其他人。 你甚至可以挑战自己，参与进去并提供帮助。

我从未听说过在世界任何地方任何职业里，绝对顶尖的从业者会伸出援手，帮助其他人一起前行。 正是这些属性使这个行业在面对不断变化的监管和报刊杂志一次次的责难时保持坚强。

在一起交流了一个晚上之后，我们最终决定等会议结束，回到伦敦后再次约见面。一次郊游最终变成了加入公司的邀请。 我的新导师还做了一件我永远都不会忘记的事情。 他用他的声誉为我背书，顶着三个商业伙伴的反对，坚持认为应该给我一个机会。加入寿险行业九个月后，我成了一名独立财务顾问。

在我加入的第一天，我的导师向我保证，我将获得成功所需要的一切帮助。 但是他也引用了一句老话："给一个人一条鱼，你也就饱他喂一天。 教会一个人钓鱼，你就喂饱他一生。 他会教我所有的东西，但是不会扔给我一条鱼。

我也学习了玻璃天花板理论。 在人寿保险公司，我被认为是我同伴中的成功者。突然，我被召集到一个新的小组。在那里，最低可接受标准是我之前所在小组水平的两倍。但那也是我的产能取得第一次重大飞跃的关键。 这是最低可接受的水平。 不用大惊小怪，做就是了。 所以我做了。我不想让自己或我的新导师失望。 我第一个月的产能是以前的五倍。一个月之内，我完成了前九个月目标的50％。 为什么？ 因为其实我们能做到。

从那时起，我一直保持我良好的习惯。到目前为止，这些好习惯都让我保持良好的工作状态。 我努力工作，非常努力，但我也保持学习。 我处于令人羡慕的位置，被全国四名顶尖行业大咖包围。 只要我尊重他们的时间，毫无疑问，他们都愿意帮助我。 随着时间的推移，其他顾问也被邀请进来。他们帮助我们提高标准，并且随着标准不断提高，我何最低可接受标准也不断提高。

当我意识到周围的每个人都有优点和缺点，我想通过复制别人的优点，忽略他们的缺点，为一个成功财务顾问画一个清楚的画像。每一个人的成功方式都不同，我都可以从中学到想要的东西。只是在他们旁边，听到他们打电话，听他们如何约客户，看他们如何服务客户，就给了我钱无法买到的教育。这是我们必须完成的，考试中学不到的技术能力。这些资格很重要，但并不是我学到的。除了受到业务方面的教育外，我也为自己的生活打下了一个坚实的基础。我强烈建议所有新入行的人读这本书，给自己找一个可以帮助自己的导师。我很幸运——我有四个导师。三个一直是亲密的朋友，一个是我儿子的教父。作为传承，我现在也在指导一个新人，我希望他能取得自己定义的成功，以后也会帮助另一个人。

随着时间流逝，我的生活也在改变。 我结婚了，我的儿子即将出生，我觉得我需要一个新的挑战。 我花在伦敦IFA的时间给我带来的收获令人难以置信。 我很荣幸地取得了向全国顶尖的IFA学习的机会。

后来我开始在LIA区域会议上发表演讲，并在金融出版物上发表文章。 我也经常出现在电视和广播中，担任财务评论员。这是我从LIA区域会议上的一位演讲者身上学到的技巧。 也是另一个很好的双赢的范例。 媒体请我们这样的专家作为权威信息来源，我们作为顾问获得了曝光度和信誉。

我的新公司鼓励我们参加MDRT大会。 实际上，只要有足够的产能和会员资格，公司就会慷慨地补贴门票和机票。我在LIA会议上见过带MDRT徽章的人。我搭讪的一个陌生人向我介绍了像MDRT主席一样的人，他是大会的演讲者。

与主席会面后，我非常渴望亲自了解MDRT到底是什么。1999年，我第一次达成MDRT， 就参加了在新奥尔良举行的MDRT年度会议。三年来，在那里看到的一切都让我感到惊讶，就像在第一次英国会议上的感受一样。演讲者使我大笑，其他人使我哭泣。我与来自50多个国家的6,000人混在一起。同样的规则在这里也适用。我可以问任何人任何问题，他们都会分享自己的想法。他们徽章上的缓带标出了"TOT"成员（请参见附录A）这是金融服务行业的佼佼者的徽章。 这些最优秀的人都与我分享了他们的秘诀。此外，因为我是首次参加，我的徽章上的颜色有所不同。结果，经常有完全陌生的人拦住我，对我的成就表示祝贺。想象一下，一个有点尴尬的独行的英国人，被一对热情的德克萨斯人抓住握手、拍背的景象，你多少能体会出那个场景有多尴尬！

回到英国时，我脑子里充满了想法，感觉自己身高十英尺，这次经历改变了我，让我得到提升。 我决定要再次参加MDRT大会， 最终达到"TOT"。

有一天，在我妻子生下儿子几个月后，我接到一个电话，问我是否有兴趣提交一份演讲稿给MDRT审批。如果审批成功，就请我在加拿大多伦多MDRT的下午会议上发言。 似乎仅仅通过给予而不是接受，我就已经被"注意到"了。 像以前一样，打电话的那位先生用自己的声誉给我背书，给我机会在世界上最重要的金融服务会议上展示自己。 再一次，我对他们表示衷心的感谢。 我曾经下定决心，我不会让自己或他们失望。

想象自己受邀在MDRT年度会议上发言？ 我简直不敢相信！ 我夜以继日地准备演讲，最终得知我被选中了。 我一直练习，练习到演讲的那一天。 MDRT前主席，我四年以前认识的那位先生，非常慷慨地同意主持我那一场会议。 那天，整个剧院被1500人挤满，有些人戴着耳机，听我的演讲被翻译成他们自己的语言。 现在记忆虽然模糊了，我依然记得在掌声中走下舞台，脑子里想：这是迄今为止我职业生涯中最不可思议的事件……

由于收到很多朋友的赞美和鼓励，我写了这本书。2002年，这本书第一次在MDRT大会销售的时候，是让我骄傲的时刻。那年，我作为演讲者被邀请再次演讲。

那么，这就是故事的结局吗？

不，但这是本书的结尾。 但是对我来说，这仅仅是另一章的开始。 随着我经历得越多，我越发现自己的目标规划也在不断发展，一直都有要实现的梦想和目标。

我写过关于我如何从没有人可以说话，到一次在1,500人面前演讲。 希望我能继续进步，希望自己能把这些年给我人生影响的知识传递出去。

如果你认为从这本书中学到了什么，请将你的所学传递给其他人，并帮助他们。 谢谢你读这本书。

祝你取得你想要的所有成功。

MDRT － 百万圆桌会议。　被誉为全球财务顾问和人寿保险代理人的顶尖组织。通过达到设定的标准成为会员，标准逐年提升。"TOT"是MDRT的六倍。　百万圆桌会议的会员必须遵守严格的道德守则，承诺将客户的利益放在首位。

LI － 人寿保险协会。　代表英国大多数寿险顾问的组织。代表行业的最前沿，在监管机构、政府和热情的推动者的共同努力下，通过区域会议计划为从业者提供继续教育。　最终成为个人理财协会（PFS）的一部分。

A-1 －　我是在艾塞克斯（Essex）的LIA区域会议上，认识了一位顾问第一次听他说机会网格。不过，后来我在英国领先的销售培训师彼得·汤普森（Peter Thompson）的"成就者边缘"录音带上也听到整个概念，尽管名字不同。　如果这个想法源自金融服务之外，并且在我不知情的情况下先前曾发表过，我深表歉意。

A-2 －　彩色工作日志系统是《时间日志》的扩展版本，来自我在LIA伦敦区域会议上的笔记，由LIA的联合创始人兼前总裁肯·克拉克（Ken Clark）。

A-3 －　在英国利奇菲尔德的法律与财务规划会议上，我从里奥·米尔沃德（Leo Millward）的演讲中听到发送迷你实情调查表给客户，跟客户成功见面沟通的想法。

A-4 － 这个想法是由亚历山德罗·福特（Alessandro Forte）在 LIA英国年度会议提出，后来刊登其会员杂志《前景》上

A-5 － 从任务分配的视角盘点你的活动和"参考习惯"是我在丹·沙利文出版的《从最好变得更好》和《战略教练》中读到的想法。

A-6 －　最初的计算显示一年中至少有50％的产能（通常接近80％）来自马尔科姆·基尔敏斯特（Malcolm Kilminster）的《新视野》一书。　这也是用"六十个转介绍"布局的来源。　我强烈建议每一个读者买这本书。　尽管参会时做笔记一直是标准做法，但第九章中的会议追踪系统是由马尔科姆·基尔敏斯特首创。

A-7 - 这个处理方法由LIA创始人克莱夫·福尔摩斯（Clive Holmes）开发。

A-8 - 来自于美国肯塔基州的威廉·H·艾利（William H Alley）的MDRT出版物《成功的动力短语》

A-9 - 阿尔弗雷德·奥·格拉纳姆（Alfred O Granum），一位值得尊敬的MDRT会员，也是美国西北互助人寿保险公司的代表。 他负责这些统计数据的原始研究。

每日积分系统 - 我的研究使我走了很多路。 这个系统已经以多种形式使用了很多年，并出现在许多演讲中。 在我自己的文档中，我发现1996年我第一次参加寿险大会把它画在一张纸上。 就是我当时到处找寻求最佳销售方式或高效想法时，其中一个人教给我这个系统。

金融服务

《只会变得更好》 托尼·戈登

《新视野》 马尔科姆·基尔敏斯特

《21世纪的特工》 丹·沙利文

《费尔德曼法》 安德鲁·H·汤姆森

开发准客户

《进入的力量》 迈克尔·博伊兰

《未来的承诺》 邓肯·麦克弗森

财务管理（你自己的！）

《巴比伦首富》 乔治·克拉森

《无债务繁荣》的四大法则。布莱恩·哈里斯和查尔斯·库纳德

《思考致富》 拿破仑·希尔

授权

《两个人的力量》吉娜·佩莱格里尼

个人发展

《快乐》 安德鲁·马修斯

《无限的力量》 托尼·罗宾斯

《唤醒内心的巨人》 托尼·罗宾斯

爸爸读物

《60分钟父亲》 罗伯·帕森斯

目标设定

《天空不是极限》 马尔科姆·基尔敏斯特

客户服务

《魔法时刻》 谢·海肯

关于作者

1996年，伊恩开始他的寿险职业生涯。

做了5个月的联合顾问之后，伊恩成为一名独立理财顾问(IFA)。
千禧年时，伊恩成立了自己的公司。

2021年，在撰写本书时，伊恩在英国伦敦经营着一家成功的家族财务规划公司，主要为公司高管、企业主、退休人员和即将退休的人提供服务。他曾在LIA的董事会、PFS慈善组织和百万圆桌会议执行委员会中担任职务。

本书的第一版于2001年编写，并于2002年出版。

随后被翻译成韩文，并附有全文工作日志伴侣卷。

2010年全部售出，市面上只能买到二手书。

第二版于2020年出版，只有英文版本。

稍作修订后，第三版于2020年作为论文版和电子书发表。之后被翻译成韩文、日文、中文、希腊文和西班牙文。

谢谢你

感谢伊恩·格林先生信任我，在新冠肺炎肆虐的2020年，让我知道我还可以做更多有意义的事情，给这个世界一些积极的影响。翻译这本书的过程，不像是在工作，而像是跟一位经验丰富、智慧超群的长者、前辈沟通，是一个深度学习的过程。在翻译的过程中，我常常感到亲切，因为在大都会人寿，我也曾接受过类似的培训。而让我兴奋的是那些我不曾听说过、不曾学习过的观点和方法。我能体会到伊恩·格林先生倾心倾力，想把他在保险行业22年中的所学所悟毫无保留地分享给有志于在保险行业深耕的每一个人。伊恩·格林先生的精神，鼓舞我的士气，振奋我的精神，坚定了我在中国保险行业，在大都会人寿工作终身的信心和决心和方法，解开了我很多困惑，让我对未来充满了希望。

正如伊恩 格林先生所说，无论你是刚刚加入保险行业的新兵，还是经验丰富的老将，这本书都会对你有帮助。作为一个在中国寿险行业工作将近9年的人，整个翻译过程中，我有很多的启发、思考和整理。对于那些我从未尝试过的方法，我会在未来的工作中践行。我相信这些方法和理念不仅会让我的寿险事业如虎添翼，让我在未来的工作中，为更多民众提供专业的财务安全规划服务，也让我为更多的业务同仁提供专业理论和实践的支持。

祝每 - 个有缘打开本书并坚持读完的朋友收获你想要的成功！

轮廓

王丽华（Heather Wang，江湖名号王小牛）毕业于天津外国语大学，获翻译专业硕士学位。曾任教于河北省燕郊高中、南开大学滨海学院。2007--2010年，参与2008年北京奥运会官方文件《百年圆梦》的翻译工作。2012年，加入大都会人寿，在9年的寿险生涯中，荣获"最具价值寿险规划专家称号"，6次获得百万圆桌会员（MDRT）资格。